D1351119

Charles Bolduc

Frère Marcel Van
(1928-1959)

Un familier de Thérèse de Lisieux

Avant-propos du P. Antonio Boucher

Éditions Paulines & Médiaspaul

Composition et mise en page: *Les Éditions Paulines*

Maquette de la couverture: *Antoine Pépin*

ISBN 2-89039-084-5

Dépôt légal — 2e trimestre 1986
Bibliothèque nationale du Québec
Bibliothèque nationale du Canada

© 1986 Les Éditions Paulines
        3965, boul. Henri-Bourassa est
        Montréal, Qué., H1H 1L1

        Médiaspaul
        8, rue Madame
        75006 Paris

Mes immenses désirs ne sont-ils pas un rêve, une folie? Ah! s'il en est ainsi, Jésus, éclaire-moi, tu le sais, je cherche la vérité. Dis-moi quel est ce mystère? Pourquoi ne réserves-tu pas ces immenses aspirations aux grandes âmes?

Thérèse de Lisieux

« Histoire d'une âme »

Il me suivait partout, je ne cessais de le lire et de le relire. Il n'y avait pas dans ce livre — de Thérèse — un seul fait qui ne fût conforme à ma pensée. Ses *oui* et ses *non* étaient en harmonie avec les miens...

Frère Marcel

« Notes spirituelles »

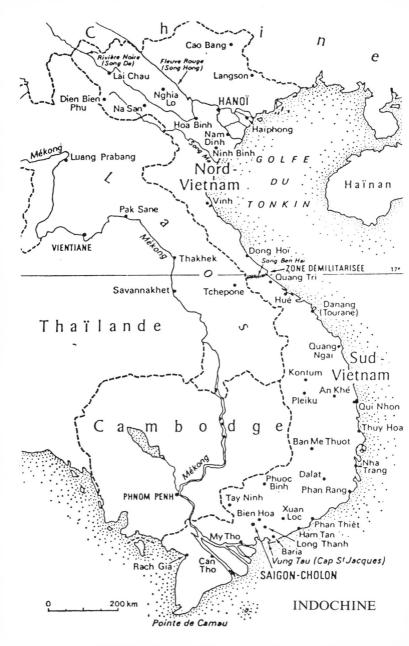

Avant-propos

Le 15 août 1945, j'accueillais au noviciat des rédemptoristes, à Hanoï (Vietnam), quelques jeunes hommes de la région qui, au terme d'une période de probation, souhaitaient devenir religieux frères dans notre communauté. L'un d'eux se fit rapidement remarquer. Il n'avait que dix-sept ans et en paraissait à peine quatorze tant il était menu. Son nom civil: Joachim Nguyên tân Van, devenu en religion frère Marcel. Il appartenait à une famille de condition modeste d'un village de la province de Bac Ninh, sur le fleuve Rouge. Il avait quitté sa famille à l'âge de sept ans pour faire des stages dans différentes cures, puis au petit séminaire de Lang Son, dirigé par des missionnaires dominicains français. Bien que sollicité par ces derniers, le garçon avait en tête de se faire religieux chez les missionnaires rédemptoristes canadiens établis à Hanoï, ce qui arriva de fait. Le noviciat terminé, il vécut neuf ans dans des maisons de notre communauté, soit de 1946 à 1955. Volontaire pour faire partie du peloton de braves qui demeura à Hanoï après la séparation du Vietnam en deux tronçons (1954), il fut arrêté arbitrairement par la police communiste le 17 mai 1955 et gardé en détention dans des conditions affreuses jusqu'à sa mort survenue le 10 juillet 1959. Il avait trente et un ans.

Or le frère Marcel nous a laissé un mémorial de son existence courte et toute donnée au Seigneur. C'est l'écrit que l'on exploitera ici, une sorte d'autobiographie spirituelle qui révèle une façon de voir et d'agir largement inspirée de l'enseignement et de l'exemple de vie de sainte Thérèse de Lisieux, qu'il appelait SA « sœur ».

Comment est né cet écrit? Dès ma première rencontre avec le garçon, j'ai été frappé par le récit qu'il me faisait des circonstances de son enfance et de son adolescence, non tant le pittoresque des événements que l'existence d'une vie intérieure assez peu coutumière. Aussi lui demandai-je de me mettre cela par écrit. Il s'appliqua à ce travail par obéissance durant les douze mois de son noviciat puis au cours des huit années que je demeurai son conseiller spirituel. À la fin, je me suis retrouvé avec un texte en vietnamien très dense qui couvrait quelque deux cents pages.

Je me suis donné du mal, je l'avoue, pour une version française de ce texte, où je tenais avant tout à la plus grande fidélité. Je l'ai fait revoir par des confrères, par la sœur du frère Marcel aujourd'hui moniale rédemptoristine, et par des amis. Nombreux sont ceux qui ont exprimé le désir

8

qu'on fasse publier le témoignage de ce jeune religieux en qui le travail de la grâce a fait des merveilles.

Mais il y aurait danger de perdre des lecteurs en cours de route en livrant le manuscrit tel quel avec ses répétitions, la minutie de certains récits, la prolixité d'autres, les effusions pieuses... L'éditeur a pensé que des contractions, à la façon des «digests», restituant cependant le texte original par de substantielles citations, favoriseraient une lecture mieux située et un équilibre des pièces de ce document dont la rédaction s'étend sur huit années.

Mon confrère, le père Charles Bolduc, qui a vécu vingt années au Vietnam, a bien voulu se charger de réduire et d'ordonner l'ensemble des récits et notes laissés par le frère Marcel, dans l'espoir de rendre accessibles à un vaste public la vie et l'âme de ce religieux vietnamien que nous pouvons considérer comme un martyr.

Antonio Boucher, c.ss.r.

1

Le langage d'une «fleur»

Le premier cahier du frère Marcel débute par une lettre au destinataire de son récit. Dès cette page liminaire, il donne une idée du monde qui lui est familier, celui de Dieu et de ses saints.

Mon Père, quand je suis entré au noviciat, dès ma première rencontre avec vous, pour répondre à vos questions, je vous ai parlé tout spontanément des grâces que j'avais reçues dans mon enfance. Jamais jusque là je n'avais parlé de ces choses à qui que ce soit, étant par tempérament très timide. Puis vous m'avez demandé de vous mettre par écrit ce que je vous avais raconté de vive voix. À trois reprises, je vous ai présenté des pages où vous avez trouvé bien des lacunes. C'est que, si je ressens bien les choses, je ne sais comment les écrire convenablement.

Après ces premiers essais, et soutenu par le fait que la volonté de Dieu se manifestait par votre demande, j'ai groupé mes souvenirs et mes idées que je vous présente aujourd'hui. Je suis encouragé aussi par cette parole de la petite sainte Thérèse que j'ai lue dans *Histoire d'une âme* et qu'elle s'applique à elle-même: «Si une petite fleur pouvait parler, il me semble qu'elle dirait simplement ce que le bon Dieu a fait pour elle, sans essayer de cacher ses dons sous prétexte d'humilité.» Je me plais moi aussi à voir mon âme comme une petite fleur sortie des mains de Dieu.

Il invoque longuement ici la Sainte Vierge, «par qui passent toutes les grâces», et précisément celle dont il a le plus grand besoin, soit de se raconter fidèlement. Il recourt aussi à son ange gardien, aux saints et particulièrement à sa «sœur», Thérèse de l'Enfant-Jésus:

> Je recours à vous, la plus aimable des sœurs. C'est grâce à vous que j'ai connu ma vocation, c'est avec vous que j'ai aimé Jésus; si aujourd'hui je comprends un peu ce qu'est l'amour de Dieu, si la foi et la confiance sont devenues mon lieu de sécurité, c'est à vos enseignements que je le dois. En ce jour, aidez-moi encore. Aidez-moi à raconter l'histoire de mon âme comme vous avez dû le faire jadis par obéissance. Ma petite âme n'a rien qui mérite d'être raconté... «La volonté de Jésus, voilà ce que je désire»: c'est là une parole que vous m'avez répétée bien des fois. Eh bien, c'est entendu, vous allez m'aider.

2

Une première enfance heureuse

(1928-1935)

Il faut nous reporter ici à un monde révolu pour situer dans le temps et l'espace les origines du frère Marcel. La guerre et la révolution sont passées par là dans les quarante dernières années, saccageant villes et campagnes, faisant sauter les institutions et les régimes, instaurant la démocratie populaire. En comparaison des conditions présentes, les années de l'enfance de notre Van représentent une époque paisible et somme toute heureuse. Quelques précisions seront sans doute utiles au lecteur.

En ce temps-là, le Vietnam d'aujourd'hui, ainsi que le Cambodge et le Laos formaient l'Indochine française depuis une soixantaine d'années. La région du nord du Vietnam actuel, le Tonkin, avait le statut de protectorat et son administration centrale à Hanoï. Le territoire était divisé en provinces — correspondant en gros à nos comtés —, unités d'administration civile qui devinrent par la force des choses celles de l'administration ecclésiastique. Le frère Marcel était originaire de la province de Bac Ninh, en bordure du fleuve Rouge, nommée d'après son chef-lieu, et résidence du vicaire apostolique.

Arrêtons-nous à ce village de Ngam Giao où naît Van le 15 mars 1928, dans une famille chrétienne qui compte déjà deux enfants: un garçon, Liêt, une fille, Lê; une autre fille viendra plus tard, Tê, baptisée Anne-Marie. Lui, sera baptisé le jour suivant sa naissance sous le patronage de saint Joachim. La maison compte parmi les meilleures du village avec cour, étang, des arbres fruitiers, un potager. Le père est tailleur, la mère travaille à ses heures de loisir à la rizière. Le village a aussi sa modeste église, car il compte plusieurs familles chrétiennes — ce qu'on appelait une chrétienté plutôt qu'une paroisse.

Le narrateur voit sa première enfance comme un temps de bonheur, et le premier artisan de son bonheur est sa mère:

> J'aimais beaucoup ma mère; aucun plaisir n'était comparable à celui de me trouver près d'elle. Dieu l'avait douée d'un cœur ardent qui savait allier la prudence à la bonté... Tout en m'apprenant à parler, elle m'a habitué à prononcer avant

14

tout les noms de Jésus, Marie, Joseph... À son dire, j'étais un enfant joyeux, espiègle, en même temps que très sensible. Un rien suffisait à me faire pleurer...

Moins présent assurément est le père, mais il traduit à sa façon sa tendresse pour le bambin qui se rappellera surtout les promenades de fin de journée:

> Le soir, il m'emmenait promener chez la grand-mère ou dans les champs. Il me faisait asseoir sur ses épaules et galopait à la façon d'un cheval. Quand le soleil rasait le digue verdoyante et que la cloche de l'église sonnait l'angélus, nous revenions à la maison dans la joie. Là, ma mère m'attendait pour me conduire à l'église.

Comme il est normal dans une famille, une partie de l'éducation des cadets revient aux aînés — et à l'apport non négligeable des grands-parents dans la société traditionnelle vietnamienne. Il n'en va pas autrement pour l'enfant éveillé, agité même, qu'est le petit Van. Il modèle sa conduite sur frère et sœur; les jours de congé et pendant les vacances, il les suit dans leurs promenades, leurs jeux, leurs fredaines. Quand, par exemple, Liêt et Van croisent les enfants du village voisin qui veulent les soulager de leur goûter, le grand-frère défend le cadet et met les intrus en déroute grâce à la fronde qu'il manie habilement. Les activités et les luttes répétées créent l'intimité entre les deux garçons. Hélas! un mal d'yeux contracté dès l'âge de treize ans par Liêt le rendra pratiquement aveugle. Avec la sœur Lê, il est plutôt question de l'avenir. Que fera-t-elle plus tard? Une religieuse. Alors Van lui aussi ira en religion... Ces propos enfantins ne sont pas sans retenir l'attention des parents.

« J'avais atteint mes quatre ans quand Dieu dans sa bonté me donna une petite sœur. Ce fut pour moi une joie indescriptible. » Incapable de maîtriser sa joie, il use de diverses ruses pour lui faire plaisir malgré elle, comme de l'éveiller, la bourrer de nourriture. Cette pétulance vaut au pauvre incompris d'être envoyé chez sa tante Khanh, dans un village au-delà du fleuve. Après une semaine de gros chagrin, il se prête à la compagnie de ses cousins et cousines et une nouvelle vie commence. Plus tard, il considérait comme une sorte d'exil les deux années passées chez sa tante, loin de la demeure familiale. En fait, à tous les deux ou trois mois, une visite de quelques jours à sa famille suffisait pour lui faire accepter sans amertume son éloignement.

De retour à son village, il était en âge de faire sa première communion. Il était encore si petit qu'il fallut toute l'insistance de sa mère et la bienveillance du curé, l'abbé Dominique Nghia, pour le faire inscrire sur la liste des aspirants. Cette protection lui était d'autant plus nécessaire que le catéchiste trop zélé caressait volontiers du rotin l'échine de l'enfant qu'il voyait bouger ou ne pas crier à tue-tête les réponses apprises par cœur.

C'est en termes lyriques que le frère Marcel retrouve l'état d'âme de ce premier grand jour de sa vie:

> Ce soir-là (la veille), je ne voulais rien manger, afin que Jésus venant en moi puisse jouer librement avec mon âme. Cependant, pour obéir à ma mère, j'ai dû prendre un bol de potage au poisson. J'allai à l'église réciter un chapelet pour demander à la Sainte Vierge d'augmenter ma ferveur. Puis je me mis au lit sans pouvoir beaucoup dormir... Enfin, le jour parut et l'heure tant désirée arriva. Je m'avance vers la table sainte, l'âme débordante de joie. Je tiens bien serré dans ma main un cierge allumé, symbole du feu qui brûle mon cœur. Jésus arrive. Je tire doucement la langue pour recevoir le pain d'amour. Mon cœur est envahi par une douceur extraordinaire. Je ne sais quoi dire. Je ne puis non plus verser une seule larme pour exprimer tout le bonheur dont mon âme déborde. En un instant je suis devenu comme une goutte d'eau perdue dans l'immense océan. Maintenant, il ne reste plus que Jésus; et moi, je ne suis que le petit rien de Jésus.

Peu de temps après sa première communion, il reçoit la confirmation, avec le même appétit surnaturel, assure-t-il. Puis peu à peu se précise en lui le désir de se faire prêtre. «À partir de ma première rencontre avec Jésus, ce désir s'est fait de plus en plus pressant dans mon âme.» Il confie son «secret» à sa mère, qui ne le prend pas trop au sérieux et ne se fait pas faute de l'ébruiter au sein de la parenté. De là les taquineries plus ou moins méchantes de ses cousins à l'égard du mioche qui s'en offusque. C'est chez des voisins de condition aisée et de religion bouddhiste qu'il trouve admiration et encouragements de la part de l'aïeule, mais plutôt de la compassion chez les jeunes filles qui lui représentent la vie pénible de moinillon, car pour elles il ne peut s'agir que d'une entrée au monastère des bonzes.

Six ans: le temps était venu de l'envoyer à l'école. Au bout de deux mois, force est de le retirer des mains d'un instituteur qui lui faisait peur et sévissait sans pitié. La mère ira présenter au médecin un marmot pâle, ayant perdu appétit et sommeil et partant tout son joyeux entrain, et le verdict sera qu'il n'ira plus à l'école. Elle eut alors l'idée de l'emmener voir l'abbé Nha, qu'elle connaissait bien, curé d'une chrétienté assez distante, Huu Bang. Ils s'y rendirent dans la première quinzaine de mai 1935. Dans l'ambiance calme et cordiale du presbytère, l'enfant récupère rapidement, au point qu'au bout de huit jours la mère songe à regagner son village. Pour rire, elle dit à Van: « Je retourne à la maison, toi, tu vas rester avec le Père. » Loin de protester et de pleurnicher, Van prend sa mère au mot et, pour confirmer sa détermination ou pour ne pas changer d'idée, il court se cacher... Il notera son état d'esprit après le départ de sa mère:

Mon cœur continuait de battre régulièrement, mes yeux restaient secs, tandis que mon âme était

18

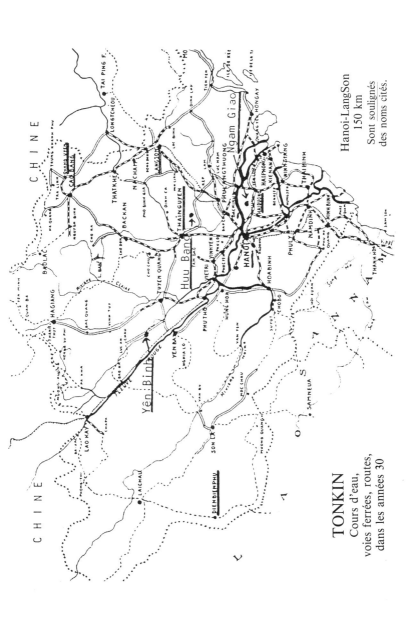

TONKIN
Cours d'eau,
voies ferrées, routes,
dans les années 30

Hanoi-LangSon
150 km
Sont soulignés
des noms cités.

comme extasiée, en suivant l'exemple de Jésus au Temple.

Il ne pouvait alors imaginer que son éloignement du foyer familial dût se poursuivre aussi longtemps. Il venait d'avoir sept ans.

3

Une seconde enfance moins heureuse

(1935-1940)

En demeurant chez le curé, Van se trouvait à faire partie de ce qu'on appelait la «maison de Dieu». Pour expliquer sa présence prolongée à Huu Bang, il nous semble utile de présenter brièvement cette institution propre aux territoires d'évangélisation des Missions-Étrangères de Paris qui fut arrêtée vers la fin du 18ème siècle au Vietnam et pratiquée jusque vers la moitié de notre siècle. Elle avait comme fin certes l'instruction et l'animation des fidèles, mais avant tout une solide formation du clergé indigène.

C'était un des devoirs du curé de recruter parmi les bonnes familles chrétiennes, et d'éduquer dans son presbytère, des garçons de dix ou douze ans d'âge, aptes aux études et de bon esprit. Ces jeunes servaient le curé en même temps qu'ils apprenaient davantage la religion, et par exemple les caractères chinois puis les éléments du latin. Après quelques années de probation, les candidats qui donnaient l'espoir d'un service efficace de la mission étaient envoyés au petit séminaire, établi sur le modèle européen, notamment français. Quant aux autres, ils étaient dirigés vers l'école des catéchistes ou simplement affectés aux divers travaux de la cure, s'ils désiraient y rester.

Le cours d'études du petit séminaire terminé, le séminariste ne passait pas d'emblée au grand séminaire; il devait se qualifier lui aussi comme catéchiste et accomplir un stage d'une durée normale de cinq, six ans au sein de la communauté chrétienne. Chaque cure employait au moins trois catéchistes: un procureur, pour le temporel; un enseignant doublé d'un surveillant pour les jeunes élèves; un assistant du curé dans l'administration de la chrétienté et des dessertes environnantes. Ces fonctions et ces épreuves constituaient pour les candidats sérieux au sacerdoce un cours pratique de pastorale qui les habilitait, après trois années de grand séminaire, à recevoir l'ordinationn dans la trentaine avancée.

C'est donc dans une « maison de Dieu » que le jeune Van entrait. Si le système avait fait ses preuves d'efficacité, on pourra constater qu'il s'y était glissé localement des abus, par exemple l'âge précoce du recrutement, la conduite de catéchistes, voire la qualité de pasteurs.

Van écrit sur sa confirmation qu'il avait reçue dans son village au printemps 1935 en même temps que sa petite sœur Tê: «Avant de m'introduire dans les combats de la vie, Dieu a bien voulu m'enrôler dans l'armée des soldats courageux; il a mis à ma disposition les moyens pour remporter la victoire.» À 7 ans, le temps était déjà venu du combat et donc du courage. De 7 à 12 ans, la vie ne lui est pas facile. Il garde dans ses cahiers la mémoire, à côté de joies vives et brèves, de moments ou de périodes pénibles dans l'existence de ce petit villageois livré sans protection aux caprices de plus grands.

Son service au presbytère débutait sous d'heureux auspices. On lui apprend les rubriques et les répons de la messe en latin et, une semaine après, «j'avais, note-t-il, le bonheur de servir la messe, même si je n'étais pas plus haut que l'autel et encore incapable de porter le missel». La communion quotidienne est le moment de la plus grande joie, et le fait qu'il communie tout de suite après le prêtre lui fait dire avec une vanité enfantine qu'il est «le premier après le curé». Il apprend le catéchisme, développe sa dévotion à la Sainte Vierge en récitant le chapelet matin et soir. Le curé le traite bien et même avec faveur à table, et tout va bien avec les petits camarades.

Cependant Van se rend compte assez tôt que le diable est furieux de la bienveillance dont il jouit tant auprès du curé et de ses camarades qu'aux yeux de nombreux fidèles qui admirent que l'on puisse s'engager si jeune au service du Seigneur. Aussi voit-il un de ses suppôts en la personne d'un catéchiste qui ajoute à la fonction principale de surveillant celle d'enseignant occasionnel. Celui-ci, frustré de n'avoir pu obtenir la connivence sensuelle de l'enfant, lui enjoint de venir chaque jour à sa chambre où, pour, dit-il, «l'exercer à la vie parfaite», il lui administre une volée de rotin. Et surtout pas un mot, sous la menace d'être «enterré vivant». Après une semaine de ce régime, l'enfant terrorisé avait les fesses endolories et saignantes, il ne pouvait plus s'asseoir ni se coucher sur le dos. C'est la lingère qui s'en aperçut à son linge tout souillé et crut qu'il avait des furoncles; comme l'enfant ne parlait pas, elle prit sur elle de rapporter la chose au curé. La sauvage manigance dévoilée, le coupable s'en tira avec la seule interdiction de faire entrer Van dans sa chambre.

Quelque temps après, profitant d'une absence du curé, les garçons de la cure forcèrent le petit, qui les humiliait par sa bonne conduite et surtout par sa communion quotidienne, à comparaître devant un tribunal dérisoire, et c'est ledit surveillant qui prononça la sentence de condamnation: désormais, pour nourriture un seul bol de riz avec de l'eau à son repas pris en compagnie du chien, et plus de communion quotidienne, sinon trois coups de rotin pour chaque manquement.

Le petit confirmé persiste, mais ses envieux n'en

démordent pas. Les coups de rotin ne venant pas à bout de sa détermination, ils l'attaquent sur la doctrine et le traitent d'orgueilleux sacrilège en lui disant que les saints canonisés se préparaient, eux, pendant des mois à recevoir l'eucharistie dans la crainte et le tremblement... Impressionné par ces arguments, privé de tout conseil, Van en vient à ne plus communier tous les jours. Mais alors la «source de sa joie» est tarie.

> À partir de ce moment, je perdis ma source de joie et, accablé de tristesse, je ne cessais de penser à ma famille. La séparation, maintenant, me brisait le cœur. Je désirais revoir ma mère pour lui dire l'amertume de mon âme et chercher auprès d'elle une caresse... À partir du jour où je cessai de communier à chaque messe, j'avais la nostalgie de quelque chose qui se trouvait hors de ma portée. J'avais perdu l'appétit, je dormais peu, j'étais souvent sujet à des accès de fièvre, mon visage était devenu pâle et décharné. Le curé, ignorant tout de mon histoire, ne savait pas pourquoi je ne communiais plus aussi souvent, de là qu'il cessa de m'appeler du doux nom de Benjamin qu'il m'avait donné jusque là.

Le harcèlement du surveillant ne s'apaisa pas devant sa demi-victoire sur l'enfant. Celui-ci retrouvait un peu de joie dans la récitation de son chapelet. On lui enlève son chapelet. Il le remplace par dix fèves noires qu'il garde dans une poche de sa veste et qu'il fait passer une à une dans la poche opposée au moment de la prière. On lui subtilise ses fèves. Il recourt à un procédé qu'il juge plus discret: dix nœuds dans le cordon qui lui sert de ceinture. On lui arrache son cordon. Il est réduit à user des phalanges de ses doigts comme autant d'avés. «Et je me disais: même s'il fallait sacrifier dix phalanges de mes doigts, jamais je ne cesserai d'exprimer mon amour à Marie par le chapelet...» L'épreuve a quand même une fin:

On se demandera ce qu'est devenu cet étrange surveillant. Comme il était parti en vacances en l'absence du curé et était rentré quinze jours après la date fixée, on lui imposa une pénitence très humiliante. Il ne voulut pas s'y soumettre. Il décida plutôt de raser sa moustache et de partir. Plus tard, le bruit courut dans son village qu'il avait disparu... Les autres garçons qui s'étaient associés avec lui durent, eux aussi, quitter la cure... Mon Père, je dis cela non par haine, mais pour rappeler que si j'étais de moi-même impuissant, Dieu est venu au secours de mon impuissance.

* * *

Autour de ses dix ans, Van était désemparé. Avec sa taille d'enfant, sous-alimenté, il devait fournir à la cure le même travail qu'un homme fait. Car le curé, tout occupé à construire une église, avait oublié, semblait-il, que ce garçon voulait devenir prêtre et qu'au lieu d'étudier il n'était plus qu'un serviteur à plein temps. La misère matérielle qui sévit dans toute la région en 1938, par suite des inondations de cet été-là, aiguisa le désir de l'enfant de retourner chez ses parents, mais il apprit qu'eux aussi avaient été réduits à la misère noire à cause des crues du fleuve Rouge. En suite de quoi la mère dans une lettre confiait irrévocablement son enfant au curé: « Van sera désormais plus votre enfant que le nôtre; vivant ou mort, bon ou mauvais, nous vous prions de prendre soin de lui. »

La détresse de l'enfant était aggravée du fait qu'il ne pouvait plus faire l'aumône de sous et d'habits, comme il avait été habitué de le faire, à l'exemple de ses parents, lors de ses premiers mois à la cure. Pourvu alors du nécessaire, il lui était facile — malgré la surveillance — et surtout agréable de faire l'aumône. Maintenant qu'il n'a plus rien...

Le froid et la faim ont fait naître en moi des désirs bizarres. Une fois ou l'autre, dans l'obligation où j'étais de remplir ma charge, j'ai pris quelques sous au curé afin d'acheter un paquet d'allumettes pour la lampe-Dieu. Était-ce voler? Devant Dieu et devant ma conscience, je ne me sentais pas coupable. Il n'était pas facile de voler le curé. J'avais d'ordinaire recours à la Sainte Vierge. Je me présentais devant elle, lui exposais mes difficultés, puis m'approchant du tronc des offrandes, je cherchais à en extraire des sous... Un jour, je n'avais ni papier ni encre pour aller en classe, alors que je devais étudier doublement en vue des examens. Durant trois jours, j'ai regardé le tableau, n'ayant rien pour écrire. Le maître enfin me menaça: «Si demain tu n'as pas de papier, je te chasse de la classe.» Que faire? Les yeux baignés de larmes, je me rends devant la statue de la Sainte Vierge. En m'approchant du tronc des offrandes, je m'aperçois sortant de la fente un billet de vingt sous, plus qu'il n'en fallait pour me procurer du papier et de l'encre. Et c'est grâce à ce billet que j'ai pu obtenir mon certificat d'études primaires.

* * *

Accompagnant un jour à un village avoisinant le curé qui y donnait la retraite, il est chargé de faire le guet à l'heure de la sieste; il glisse sur le mur d'enceinte, dégringole dans la boue et se blesse sérieusement au genou... Le curé ne veut pas s'embarrasser d'un serviteur inutile, aussi l'abandonne-t-il à une chrétienne de ce village qui l'a pris en pitié. C'était une veuve qui n'avait réchappé de ses six enfants qu'une fille alors âgée de sept ans. Elle vit dans ce garçon qui lui tombait du ciel le garçon qu'elle eût tant désiré avoir. Aussi s'occupa-t-elle de lui avec empressement et tendresse tout le temps qu'il mit à se remettre de son genou, soit six mois. «Aujourd'hui, conclut le narrateur, chaque pas que je fais me rappelle les mains et le cœur généreux qui m'ont aidé autrefois avec tant d'amour.»

* * *

Van a maintenant 12 ans. Il fait le tableau de son existence à ce moment et mesure l'écart entre ses ambitions et la réalité:

> Tout ce que je possède en fait de parchemin est mon certificat d'études primaires. Le curé pense que c'est suffisant pour moi. Il ne me permet pas de continuer mes études en vue de la prêtrise. Il profite de moi pour se faire servir: cuire le riz, faire la vaisselle, balayer, nettoyer son crachoir et son vase de nuit, laver son linge, baigner son cheval et, quand il sort, l'accompagner en portant sa pipe, etc. Je trouve cela honteux, car ma vocation sacerdotale est devenue une ironie.

Il cherche en conséquence le moyen de s'enfuir de cette cure. Pour diverses raisons, ses camarades, eux aussi, ont formé le projet de se dérober, et il se joint à eux. Mais leur fuite maladroitement organisée est aussitôt remarquée; malgré une belle défense de Van, le groupe est ramené à la cure. Le curé, quoique reconnaissant ses torts, fit une purge dans son personnel qu'il réduisit au tiers: dix sur quinze sont chassés. Van fut épargné provisoirement, car peu après il fut envoyé pour y résider à la cure d'une chrétienté plus importante, Thai Nguyên. Le gamin s'était imaginé que le curé de Thai Nguyên, un dominicain espagnol, faisait régner chez lui une discipline teintée de charité; quelques jours lui suffirent pour constater que c'était le même climat que celui de Huu Bang.

Muni déjà de quelque expérience de la fugue, il en mijote une autre; il confie, comme précédemment, à la Sainte Vierge son nouveau projet. Il aboutit à son village natal, dans sa famille où on le reçoit mal. Affamé après deux jours de voyage, sale, en guenilles, sa tristesse s'accroît de ce que ses parents ne s'enquièrent aucunement du motif de sa fuite. Il pleure au point que ses yeux en sont affectés et qu'il doit pendant huit jours éviter la lumière. Sa mère finalement apitoyée mais non moins résolue le ramène chez le curé Joseph Nha pour présenter des excuses et prier le pasteur offensé de reprendre le petit. Nous savons que c'est elle-même qui avait confié à ce prêtre qu'elle estimait le soin de l'éducation et de la vocation de son enfant; elle fut bien forcée de reconnaître, cinq ans après, qu'il méritait moins cette estime. Van, malgré son dépit, reprit sa besogne d'«Amiral», qui consistait entre autres à garder les canards. Cela dura deux mois, après quoi survint un événement qui devait tout remettre en question.

En 1940, deux armées s'affrontaient pacifiquement, si l'on peut dire, sur le territoire indochinois: la française et la japonaise. Les garçons trouvaient là une inspiration pour jouer à la guerre, par exemple. Et quoi de plus tentant de s'y essayer pour les petits de la cure, en l'absence du curé et des grands, au temps euphorique de l'après-moisson, dans des espaces couverts de meules de paille. Van, promu pour lors général japonais, refuse de rendre à un grand revenu plus tôt pétards et allumettes qui servaient au jeu. Altercations, coups de bâton du grand sur les mollets de Van qui ne peut que déposer les armes. Mais il est exaspéré.

Avant de me mettre au lit, je m'étais frictionné avec de l'onguent chinois, de sorte que durant la nuit je sentis mes muscles s'assouplir peu à peu. Je m'exerçai alors à marcher et à courir... À l'heure du lever, prétextant que j'étais malade, je restai au lit. Mais quand tout le monde fut à l'église pour la prière, je me levai, fis l'offrande de ma journée, puis me confiant à la Sainte Vierge je lui demandai de protéger ma fuite. Je priai aussi mon ange gardien de m'indiquer la route à suivre afin d'échapper à mes poursuivants.

Dans la conduite de son évasion, il se montre cette fois fort astucieux. Il grimpe à un arbre haut, se dissimule dans le feuillage épais et se rit de ses camarades envoyés à sa recherche, puis il suit de loin sur la route le grand qui l'a frappé et sans doute responsable de sa capture; comme lui il traverse le fleuve; il se rend à la gare, monte sans billet dans le train allant au nord plutôt qu'au sud vers Bac Ninh; il se mêle à un convoi de soldats japonais jusqu'à la gare suivante. Là il reprend le train en direction du sud; il a naturellement des ennuis avec le contrôleur qui le fait descendre à proximité de Bac Ninh, le chef-lieu. Il reconnaît à cet endroit deux tertiaires dominicaines vues plus tôt à la cure et qui lui donnent l'hospitalité dans leur maison pour une nuit.

Il n'était plus question hélas! de retourner chez

ses parents tant il craignait la colère et les sévices de son père. Il loue donc d'abord ses services dans une auberge avec comme salaire les restes de table des clients. Après trois jours, une vendeuse de soupe de la rue l'emploie et lui propose de rester chez elle, mais le frère de cette femme le fait rejeter à la rue. Une autre femme, portant au cou une croix — indice qu'elle est chrétienne — le remarque, parle d'adoption... Sur la foi de la croix, Van l'accompagne chez elle, mais l'ayant questionnée, il apprend que la croix n'est pour elle qu'un joli ornement. Elle se révèle, de connivence avec son mari, trafiquante d'enfants, et bien qu'il n'ait pas été brutalisé, dès que l'enfant comprend qu'il est l'objet d'une transaction entre le couple et une femme qui vient vérifier la marchandise, il se sauve pendant leur sieste.

Il vit désormais d'expédients, tendant la main entre la gare et l'église, couchant sous un arbre, sous un auvent au bord de la route, dans un wagon vide, portant sa détresse et obsédé par son désir mis en péril de devenir prêtre, mais «où trouver quelqu'un capable de me comprendre?». Après quinze jours de vagabondage, il se décide à retourner à Huu Bang pour assister à la messe du dimanche. Il en profitera pour prendre ses menus effets et ses cinq piastres d'économies, et naturellement pour «présenter des excuses au curé et user de ruse pour repartir». De là il se rend chez sa tante Khanh, personne compréhensive, où il apprend que sa mère désire son retour à la maison. Il y retourne donc avec un soulagement mêlé de crainte, accompagné de la bonne tante.

Est-ce pression venant de son désir profond d'étudier en vue de la prêtrise, est-ce un goût naissant de la liberté et de l'aventure, toujours est-il qu'il ne se trouve pas tranquille au foyer. Après un mois, appuyé par sa sœur Lê qui veut tout de suite «entrer en religion», tous deux quittent la maison sans trop savoir où ils aboutiront. Le père irrité les rejoint à bicyclette et leur ordonne de revenir à la maison, à pied — vingt kilomètres!

Le temps des épreuves, si précoce et si bien alimenté, amène le garçon de 12 ans à se demander si le projet élevé qu'il nourrit lui vient de Dieu. Il continue à se confier pour tout à la Sainte Vierge, dont il ressent par des consolations maternelles la présence tutélaire. Vers la fin de l'année 1940, il raconte en confession à son curé, l'abbé Nghia, le bilan des cinq années passées. Les paroles du prêtre lui redonnent la paix: «Accepte de bon cœur toutes ces épreuves. Si Dieu t'a envoyé la croix, c'est un signe qu'il t'a choisi.»

4

Les petits pas en avant

(1940-1942)

Cet hiver de 1940-41 ajouta un froid inhabituel aux autres calamités: la guerre mondiale qui se répercutait en Indochine, les conditions économiques précaires dans les campagnes du Tonkin, et le blocage des issues sur la vocation du jeune Van. Or, justement, dans ce contexte de menaces, un signe libérateur atteint un enfant qui s'étiole au sein d'une famille close.

Noël approche et Van attend avec l'impatience de l'adolescent la venue du petit Jésus dans la crèche et dans son cœur. «Cependant, écrit-il, je ne rêvais plus aux cadeaux de Noël comme au temps de mon enfance. Je comprenais que mon cadeau de Noël m'avait été préparé par les mois d'épreuves qui venaient de s'écouler.» Oui, Jésus a un cadeau à lui offrir, bien supérieur à celui que le garçon eût pu imaginer. Après la communion, «une joie immense s'empare de mon âme, note-t-il, je suis hors de moi...» Tout ce qu'il a souffert lui semble alimenter un brasier qui est celui de l'amour, et il redemande de la souffrance pour la convertir en joie.

Sur l'heure, il est exaucé. Désireux en effet de réciter au cours de la deuxième messe l'une ou l'autre prière dans son missel et, à cette fin, s'étant approché de la lueur d'une bougie près du chœur, «quelqu'un de la famille» vient éteindre cette bougie en lui soufflant qu'il n'a pas le droit d'être là. Encore sous le coup de la joie de la Présence, il ne dit mot et, de retour à la maison, il montre une mine réjouie à ce «quelqu'un».

Au Têt suivant, soit environ un mois après Noël, la tante Khanh venue en visite dans sa famille et voyant son «neveu préféré» pâle et fatigué, demande et obtient de le prendre de nouveau chez elle. Il va passer là cinq mois, dans un emploi de domestique. Ses cousins et cousines sont plus âgés que lui; quoiqu'ils l'aiment bien, ils ne peuvent lui tenir compagnie. Le cousin Khanh a une jeune épouse qui manifeste les mêmes tendances à la piété que Van, aussi une complicité naît entre eux, complicité réelle et dissimulée, car la tante est dure pour la bru dans la mesure où elle est bonne pour le neveu. La principale occupation du garçon est de faire paître le bœuf. Les débuts ne furent pas faciles: l'emploi est peu reluisant et ne mène pas à la prêtrise, Van n'est pas insensible aux moqueries. Cependant son état d'âme de Noël persiste. Avec les jours, et non sans de nombreux échecs, il apprend à monter le bœuf. Il doit faire équipe d'abord avec d'autres jeunes bouviers du village, la plupart des païens; leurs propos le forceront à fuir leur compagnie.

Dès lors, pour adapter sa prière à sa condition, il imagine de donner à sa garde du bœuf une allure religieuse en montant un genre de procession:

> Je divisais le champ en plusieurs parties assez éloignées les unes des autres, j'ornais mon bœuf avec des fleurs variées que je lui fixais aux cornes, et m'agenouillant sur son dos, tout en tenant dans mes mains l'image de la Sainte Vierge, je le faisais paître lentement au bord de la rizière en récitant le chapelet à haute voix. Quand j'avais fini une dizaine et que le bœuf n'avait pas encore atteint la limite fixée pour la dizaine suivante, je me mettais debout sur le dos du bœuf et je chantais un cantique en l'honneur de la Sainte Vierge. D'ordinaire, ces processions duraient deux ou trois heures, mais jamais je ne me sentais fatigué. Et quand le bœuf était rassasié, j'interrompais la procession et le ramenais à l'étable.

* * *

Après l'Ascension, il rentra à la maison de ses parents qui lui firent cette fois bon accueil. Peu après, le curé de Huu Bang, l'abbé Joseph Nha, fit une visite à la famille. Il avait à innocenter Van des soupçons qu'il avait entretenus à son endroit relatifs à un vol de trente piastres et à demander qu'il revienne l'aider à sa cure. C'était un peu fort, et naturellement l'enfant se rebiffe, contre l'avis de sa mère. Celle-ci, à bout d'arguments et même de menaces — la prison! — l'invite à aller prier. À cela Van répond en passant une partie du jour à l'église. Le lendemain, la communion reçue, il va s'adresser à la Sainte Vierge. « J'eus l'impression, écrit-il, d'entendre une voix qui m'exhortait à partir... Je compris que c'était une inspiration divine. » Il fait donc part de sa décision à sa mère, étonnée de pareil revirement, et quelque peu méfiante toutefois, témoin ses paroles conservées par le chroniqueur: «Si jamais tu t'amènes encore ici, tu auras affaire à moi. » Le facteur humain expliquant cette décision est assurément que le retour à la cure rendait possible, aux yeux de la mère, un nouveau petit pas dans la direction de la prêtrise.

* * *

Ce qu'il appréhendait ne se vérifie que trop. Le milieu n'avait pas changé. «Le premier jour, j'en ai pleuré et je fus pris de tremblement, comme en plein accès de fièvre. » Il devait tenir trois mois à ce régime. Malgré ses états de service passés qui le désignent comme responsable du groupe des petits, il doit subir les brimades des «grands» et leurs «conversations malsaines», non moins que l'hostilité larvée du maître-surveillant. Cependant, dans sa situation inconfortable, voici une consolation:

Un jour, après le repas de midi, fuyant le groupe de mes petits compagnons, au lieu d'aller prier à l'église comme je le faisais habituellement, j'allai m'asseoir seul dans un coin de la sacristie pour me recueillir... J'étais là depuis un moment quand un film commença à se dérouler dans mon esprit. Je vis étalé sous mes yeux tout un monde rempli de péché... À la vue du spectacle, j'avais peur au point d'être tout en transpiration. Il me semblait que mon corps à moi était couvert de la tache du péché impur. Et pourtant je ne connaissais pas le péché, jamais je n'avais osé en commettre, malgré les scandales que j'avais sous les yeux. Tenté de fuir, je fis cette prière: «Mon Dieu, que voulez-vous que je fasse ici?» Pas de réponse. Le film continuait et me présentait maintenant un monde de saints qui avaient gardé leur virginité. L'image faisait naître en moi des pensées, puis enfin une décision. Les yeux secs, le visage épanoui et le cœur apaisé, je me levai en hâte et entrai dans l'église. Agenouillé devant l'image de Notre-Dame du Perpétuel Secours, je posai les mains sur l'autel et, le regard fixé sur Marie, je lui dis avec ferveur: «Ô Mère, je fais le vœu de garder la virginité toute ma vie, comme vous.» Ces paroles prononcées, je sentis en mon cœur une joie qu'aucune plume ne peut décrire...

Ce message du ciel non signé vient soutenir sa foi et ses espoirs. Il conçoit le désir de sauver des âmes en péril et, à cette fin, il recrute parmi les petits quelques fidèles qui l'aideront à réaliser un projet d'association qui porterait le nom de «Troupe des anges combattants». Organisation bien structurée, dirions-nous, qui avait à son programme la prière, des réunions, une caisse d'entraide mutuelle. «En moins de trois semaines, ces jeunes timides, malpropres, paresseux et querelleurs, étaient devenus doux, attentifs, propres, énergiques... des soldats», estimait Van.

Mais le ver était dans le fruit sous les espèces d'un des six du groupe. Craignant le pire si l'affaire venait à la connaissance du surveillant, le mouchard ne se contenta pas de rapporter les faits, il en ajouta de son cru de façon à esquiver pour lui-même l'humeur vengeresse d'un sadique. Une première convocation de la troupe à la chambre du surveillant n'aboutit qu'à resserrer les liens des associés. Mais à partir de ce moment, pour une minute de retard à donner le signal de la classe, pour un instant de sommeil à la prière, pour la moindre peccadille, les coups pleuvaient sur le dos des gosses, sans autre effet dissuasif. Le harcèlement se poursuit et aboutit à une scène de torture qui est relatée dans les détails. Le jeune Doan (est-ce le mouchard?) est envoyé en commission au dehors par le surveillant à l'heure de la sieste, alors que la consigne donnée par le curé à Van, qui est de garde, est que personne ne sorte ou n'entre à cette heure; Van ne fait donc qu'exécuter la consigne en refusant, d'ailleurs fort courtoisement, la sortie du commissionnaire. L'après-midi, Van, arrivé en classe, constate que sa plume a disparu de son cartable où pourtant il était sûr de l'avoir mise. Après tout, l'aurait-il laissée à la maison? Il demande au surveillant l'autorisation d'aller la quérir, et cela à trois reprises sans obtenir la moindre attention. Il suppose donc la permission et met plusieurs minutes à découvrir sa plume sous son lit dans une fente du plancher. À son retour, le maître le prend à partie, lui reproche avec colère d'être sorti sans permission, l'invective pour arriver à ses fins, soit le rouer de coups de rotin. Après Van, c'est le tour de ses compagnons de la troupe; mais le chef des « Anges combattants » ne peut supporter ce comble de vengeance: « Je me précipitai vers eux, je les fis tomber par terre et rouler sous la table, afin que les coups s'abattent sur moi seul... » Le tambour de la récréation met fin à l'action. Le garçon, les muscles des épaules, du dos et des hanches endoloris, frappé de plusieurs coups à la tête, l'oreille gauche enflée et en sang, reçoit des marques de sympathie de ses camarades qui veulent tout de suite porter l'affaire au curé, mais Van s'y oppose. Un peu plus tard, il se rend à l'église:

> Jusque là j'avais pu retenir mes larmes, mais quand j'entrai à l'église, ayant fixé les yeux sur l'image de Notre-Dame, j'éclatai en sanglots. J'allai alors m'asseoir sur le banc d'en face et ne pus que répéter ces mots: «Ô Mère, voilà ma victoire! Souffrir sans peur, voilà ma victoire!» Quelques jours après, la douleur avait de beaucoup diminué... Une famille du village s'occupa de me soigner. Grâce à quoi, je repris vite des forces et me sentis même plus vigoureux qu'avant.

* * *

Dans ses voies à Lui, le Seigneur traçait l'itinéraire du garçon. Après la Noël de cette année 1941, il reçut une lettre de son ami Tân, devenu élève au petit séminaire de Lang Son; il lui annonçait l'intention du P. Directeur d'accepter quelques nouveaux élèves et lui demandait de le rejoindre. Aussitôt Van fit part de la proposition au curé qui, après une courte délibération avec le surveillant, lui permit de partir sur-le-champ. Ce qu'il fit, mais sans pouvoir prendre quoi que ce soit de ses affaires.

Quand il se présenta au petit séminaire dans un accoutrement de mendiant, Tân ne put cacher sa gêne, et ses camarades de crier: «Tiens, c'est le petit frère de Tân!» tant pour souligner la petite taille de l'arrivant que pour narguer le guenilleux. Le plus pressé était de l'habiller, Tân y pourvoit en partie selon ses moyens, mais il arrive opportunément un colis d'habits et d'articles d'écolier envoyé par le Carmel de Saïgon à l'intention de séminaristes pauvres. (Le petit séminaire était l'objet des attentions des moniales, vu qu'il était placé sous le patronage de sainte Thérèse de l'Enfant Jésus.) Van s'en souviendra.

Il se fait vite au milieu. Curieusement, il craint la vue des pères dominicains français qui dirigent l'établissement. On se rappelle qu'il avait passé à Thai Nguyên par la cure d'un dominicain espagnol qui l'avait battu... D'où une méfiance qui lui fai-

42

sait éviter la compagnie des missionnaires, au réfectoire notamment. Or le P. Directeur, l'ayant observé, le fait venir à son bureau avec l'idée de l'apprivoiser; il se montre tellement amical avec le gamin, par ses propos, les jeux qu'il lui fait partager, que le chroniqueur converti peut écrire: «Après cette visite, j'avais le cœur débarrassé d'un lourd fardeau et désormais je n'eus plus peur des pères européens. »

L'économe, le P. Drayer du Fer, gagne toute sa confiance tant par ses manières charitables qu'en favorisant les inclinationns à la piété du jeune séminariste. Le nouveau est admis d'emblée comme aspirant dans la troupe des Cadets de Notre-Dame, dont le programme d'activités est calqué sur celui des scouts. Aussi ressent-il la montée d'un état de joie intérieure qui veut s'y installer avec un accroissement du désir d'être prêtre. Désormais chaque événement est considéré comme un petit pas en avant vers son idéal. Il note par exemple son entrée définitive chez les Cadets:

> À la séance d'admission dans la troupe, face aux trois drapeaux, celui des Cadets, ceux du Saint-Siège et du pays, à côté du P. Aumônier et du chef, la main levée, je fis solennellement cette promesse: «Avec la grâce de Dieu, je promets sur mon honneur d'être toujours fidèle à Dieu, d'aimer la Sainte Église, de défendre ma patrie. Je promets encore de penser à tous les hommes, de les aider en tout temps et de garder fidèlement le règlement des Cadets de Notre-Dame. » En face de ma conscience, jusqu'à ce jour, je n'ai ja-

mais eu à rougir pour avoir manqué à ma promesse.

* * *

Été 1942. C'est la guerre. L'armée japonaise
couvre les points stratégiques du pays, aux côtés
d'une troupe française relevant de la France du
maréchal Pétain. Le camp opposé, la Chine de
Tchang kai Tchek n'est pas loin. Le petit séminaire de Lang Son, menacé de réquisition par les
Japonais, doit fermer ses portes. Van, qui a dû
passer le temps des vacances à la cure de Huu
Bang, reçoit «avec une joie indescriptible» la nouvelle qu'il est choisi avec deux camarades de la
même classe pour continuer ses études à la cure
de la paroisse Sainte-Thérèse de l'Enfant-Jésus à
Quang Uyên, bourg en bordure de la frontière chi-
noise, vers l'ouest. Il y avait là deux dominicains
déjà âgés, les pères Maillet et Brébion, deux brous-
sards qui pouvaient avec un égal succès construire
une église, faire la cuisine ou enseigner les éléments aux quatre garçons qui leur survenaient:
Van, Hiên, Tân et un jeune de la tribu des Méo,
Joseph Blau. En raison du personnel réduit, les
élèves, après les classes, ou même exceptionnel-
lement à la place des classes, devaient partager
les tâches domestiques, comme d'aller faire paître les vaches, menacées de mort en raison de la
sécheresse prolongée de cet été-là.

* * *

Le frère Marcel nous assure que la pensée de devenir un saint même en ces temps-là lui était habituelle. Mais d'autre part il considérait cette pensée comme une tentation d'orgueil, de toute façon une ambition infiniment au-dessus de ses moyens. Car, se référant à ce qu'il avait lu ou entendu dire des saints, il imaginait leur vie remplie de mortifications majeures, de prières sans fin, de persécutions... C'était compliqué, hors de portée. Il aurait voulu trouver dans l'Évangile une règle accordée à sa vie et à sa condition. Or, un soir, lui est proposée une réponse. Après une visite au Saint-Sacrement suivie d'une prière fervente à la Vierge Marie, il retourne à la salle d'étude où, son devoir terminé et sa leçon apprise, il se trouve de loisir pour une lecture. Il va choisir un titre sur le rayon de la vie des saints quand il se ravise et suit l'idée qui lui vient de tirer au sort le volume qui lui serait de la sorte, en vertu de cette indifférence et de sa disponibilité, une indication du ciel. Et c'est bien ce qui se produisit.

5

Découverte de l'âme-soeur

(1942)

Le livre que le sort met entre les mains de Van est *Histoire d'une âme*, le récit bien connu de sainte Thérèse de l'Enfant-Jésus. S'il connaissait le nom — était-il possible de l'ignorer après être passé par le petit séminaire placé sous son patronage? — le garçon ignorait ce que le nom couvrait. Il fait donc la moue: une vie de saint Paul, de saint François Xavier, très bien, mais une femme, une comme les autres saintes qu'il imagine... Il avait promis de se conformer au choix du sort, et une promesse doit être tenue. Il ouvre le livre:

Je n'avais pas lu plus de deux pages que mes yeux peu à peu se mouillèrent. Puis deux torrents de larmes, coulant sur mes joues, inondèrent les pages du livre. Larmes de repentir pour mon attitude de tout à l'heure, mais aussi larmes de bonheur dont mon âme débordait.

En quelques paragraphes, il a reçu la réponse à sa question: «Est-il possible de devenir un saint?» Thérèse lui révèle sous une forme poétique et naïve sa voie, sa «petite voie», qui consiste à se laisser aimer:

> «Si Dieu ne s'abaissait que vers les fleurs les plus belles, symbole des saints docteurs, son amour ne serait pas absolu, car le propre de l'amour c'est de s'abaisser jusqu'à l'extrême limite... De même que le soleil éclaire à la fois le cèdre et la petite fleur, de même l'Astre divin illumine particulièrement chacune des âmes, grande ou petite...»

Il rêve sur ces lignes et il pleure. Bien des années après sa profession religieuse il écrira: «De toute ma vie je n'ai probablement jamais éprouvé une si forte émotion, ni versé de si abondantes larmes.» Le jour a baissé, ses camarades n'ont pas terminé leur devoir; il va se cacher à l'église, en vue de la statue de sainte Thérèse, puis ne trouvant pas le moyen de faire bonne figure à table, il prétexte la fatigue et va se coucher. Le lendemain matin, il demande à la Sainte Vierge de lui accorder sainte Thérèse comme guide.

Ainsi, à 14 ans, il faisait de l'*Histoire d'une âme* comme sa bible personnelle; et ce sera jusqu'à la fin son livre de chevet:

Il me suivait partout, je ne cessais de le lire et de le relire. Il n'y avait pas dans ce livre un seul fait qui ne fût conforme à ma pensée. Ses «oui» et ses «non» étaient en harmonie avec les miens... Rien donc d'étonnant qu'à partir de l'instant où je fis sa connaissance, j'aie eu pour la sainte l'affection d'un petit frère envers sa grande sœur.

Mais la vie ne s'arrête pas pour autant. Dans le récit du frère Marcel qui couvre les années 1942-1944, les saisons chevauchent. À ce point de son récit, c'est le mois d'octobre 1942. Un jeudi, jour de congé, jour de lavage et aussi, hélas! de raccommodage. Après bien des semaines, il est arrivé que les pantalons, chemises et tuniques des gamins avaient plus d'un trou ou des déchirures, ce qui donnait lieu aux taquineries des tertiaires dominicaines de service à la cure. Découragés devant l'ampleur et l'ennui de la besogne, les trois élèves se concertent pour reporter le soin du raccommodage à la tertiaire Tin qui leur semblait plus compréhensive. En l'absence du curé, ils «parachutent» donc trois paquets de linge à la cuisine avec un mot aimable pour la destinataire qu'ils souhaiteraient comme «sœur spirituelle». Plus tard, le même jour, alors que Van est plongé dans la (re-) lecture du chapitre où Thérèse raconte la mort de sa mère, un billet signé «Sœur Tin» tombe à ses pieds, il le lit rapidement et le passe aux deux autres. Il est écrit: «Je me chargerai volontiers du linge de Tân et de Hiên; quant à toi, Van, je pense que tu es capable de te débrouiller

seul. » Van entend à peine les éclats de ses camarades: «Mademoiselle Tin que tu avais proposée
comme sœur spirituelle ne veut pas de toi», car
à ce moment même, sa lecture lui inspirait un geste
qui allait transfigurer sa vie. Laissons-lui la parole:

Dans ma lecture j'étais arrivé à ce passage où
Thérèse, après avoir noté la parole de Céline
à la bonne Marie: «C'est toi qui seras maman»,
écrit: «Moi, toujours habituée à suivre Céline,
j'aurais bien dû l'imiter dans une action si juste;
mais je pensai que Pauline allait peut-être avoir
du chagrin et se sentir délaissée, n'ayant pas de
petite fille; alors je vous regardai avec tendresse
et cachant ma petite tête sur votre cœur, je dis
à mon tour: «Pour moi, c'est Pauline qui sera
maman!» Et moi je pensais: En ce moment Thérèse s'attend à ce qu'elle ait un petit frère; or personne ne l'a choisie comme sœur; il ne convient
pas de lui causer cette peine. Je me rendis donc
en hâte à l'église et m'agenouillant au pied de
la statue de la sainte, je lui dis d'un cœur sincère: «Pour moi, c'est Thérèse qui sera ma sœur».
Dès que j'eus prononcé ces paroles, mon âme fut
envahie par un tel bonheur que j'en demeurai
stupéfait et incapable d'aucune idée personnelle... Je sortis de l'église, je courus à la salle
d'étude pour y déposer mon livre, puis voyant
mes camarades me regarder en riant je dis:
«Vous pensez que je serai privé de sœur? Eh
bien, vous verrez que moi aussi j'aurai une sœur
spirituelle tout à fait à la mode. » Sur ce, je courus au pied de la colline..., je gambadai comme
un fou, ou mieux je volai comme un papillon...
Puis me sentant fatigué, je m'affaissai sur une

pierre, à bout de souffle. Reposé, les yeux sur le spectacle de la nature, je me demandais: «Pourquoi es-tu si joyeux?» Soudain je sursautai, une voix m'appelait: «Van, mon cher petit frère.»

La voix de femme, qu'il supposait être celle d'une tertiaire, était celle de Thérèse: «Oui, c'est bien ta sœur Thérèse qui est ici.» Le récit du frère Marcel ne met pas en doute que le long monologue de sainte Thérèse qui suit et, vers la fin, appelle quelques brèves répliques, soit réel, quoique les termes puissent varier dans les rédactions successives qu'il en a faites. C'est ainsi qu'il note:

Cette dernière rédaction ne concorde peut-être pas avec les précédentes, les pensées restent les mêmes dans chacune. Si vous constatez des différences, c'est que, chaque fois que j'écris, je me rappelle tantôt telle phrase, tantôt telle autre; et il m'arrive ainsi qu'en me rappelant une chose, j'en oublie une autre.

Les mots et les phrases de Thérèse ressemblent à ceux du récit qu'elle a écrit de sa précoce aventure spirituelle. Van est déjà familier de ce langage, ainsi que de la «petite voie», d'où l'aisance qu'il a à en reproduire les éléments adaptés à son cas à lui. D'abord, Thérèse console son «petit frère», comprend ses gaucheries, le rassure sur la sincérité de son aspiration à la prêtrise qui est d'«inspiration divine»; elle lui révèle l'avoir connu avant même qu'il ne vienne au monde et que le Seigneur lui a confié à elle le soin de veiller sur lui comme l'ange gardien de sa vie. Le message particulier qu'elle veut lui livrer aujourd'hui est de lui faire comprendre ce qu'est l'amour de Dieu notre Père. Et de développer longuement ce thème sur lequel viennent se greffer des conseils d'ascèse: «n'aie pas peur du bon Dieu», «offre ton cœur à Dieu», «sois sincère avec Lui en toute circonstance», «nous avons besoin de Lui pour arriver à nous connaître nous-mêmes et à Le comprendre»... En le quittant, elle lui donne un baiser.

> Thérèse cessa de parler. J'étais comme quelqu'un qui sort d'un rêve, moitié inquiet, moitié heureux. Lorsque Thérèse me dit: «Je te donne un baiser», je sentis comme un vent léger qui m'effleura le visage et me causa une joie si douce que je perdis un moment connaissance. De cette joie, il me reste encore quelque chose aujourd'hui... L'entretien avec Thérèse avait duré des heures. Elle parlait très bien, mais il y avait beaucoup de mots que je ne comprenais pas...

De retour auprès de ses camarades qui le cherchaient, il ne peut s'empêcher de leur dire: «J'ai moi aussi une sœur spirituelle, et elle est de loin plus chic que la vôtre.» Naturellement les garçons s'empressent de claironner la nouvelle aux oreilles de la tertiaire Tin dont la curiosité aiguisée l'amène à épier les mouvements et les propos de Van. Celui-ci, de son côté, s'est par bribes confié à Hiên, qui le croit sur parole, ce qui crée entre eux une amitié spirituelle. « Hiên a été mon premier petit frère, écrit Van, la première fleur de ma maison. » Quant à la sœur Tin, elle parvint un jour, cachée sous un banc de l'église, à surprendre le secret et le nom de la sœur spirituelle de Van qui, se croyant seul, s'épanchait familièrement devant la statue de sainte Thérèse. Touchée à fond, la tertiaire ne parla à personne de la chose, déposa tout sentiment de jalousie et témoigna dès lors du respect à l'égard du « très aimable petit frère de sainte Thérèse ».

De nouvelles « rencontres » avec sainte Thérèse se produisirent dans la suite sans qu'on soit informé des circonstances précises de temps et de lieu. « En beaucoup d'autres circonstances, écrit-il, elle m'a enseigné la manière de converser familièrement avec Dieu… Une fois elle m'a parlé du Saint-Père. » Ses camarades remarquèrent chez lui un changement en mieux dans sa conduite et un air de bonheur qu'il n'avait pas auparavant.

Il y eut une fois où la sainte lui transmit les vues du Seigneur sur lui qui allaient à l'encontre de ce à quoi il tenait de tout son cœur, soit son désir d'être prêtre. « Van, mon cher petit frère, Dieu m'a fait connaître que tu ne seras pas prêtre. » Protestations et pleurs n'amenèrent aucun adoucissement au décret. Van entend dire à Thérèse:

Ton désir de devenir prêtre est très agréable à Dieu. Cependant, s'il veut que tu ne sois pas prêtre, c'est dans le but de t'introduire dans un état de vie cachée, où tu seras apôtre par le sacrifice et la prière, comme je l'ai été moi-même autre-fois... Tu entreras en religion.

En quelle «religion»? Ne pouvant entrer chez les carmélites puisqu'il est un garçon que le Seigneur, en dépit des prières, se gardera bien de changer en fille, Thérèse, déposant tout humour, lui suggère de prier la Sainte Vierge pour qu'elle lui fasse connaître la communauté où Dieu veut le recevoir: «Petit frère, prends patience et prie beaucoup.»

C'est la conduite que le garçon se propose de tenir. De plus, il s'informe. Il est témoin de la vie quotidienne de missionnaires dominicains; leur genre de vie ne l'attire pas spécialement. Il entend parler de cisterciens vietnamiens dont un monastère s'est rapidement développé dans la région centrale du pays; l'allure des religieux — tête rasée —, leur menu ordinaire — du riz avec de l'eau —, le rebute. Une autre information lui vient ... en rêve. Elle lui arrive au cours d'une froide nuit de l'hiver 42, alors que longtemps tenu éveillé et ayant récité force chapelets, il s'est assoupi. Et voici sortir de la salle d'étude et venir vers lui un personnage vêtu de noir, longue robe à large col blanc et manteau aux chevilles, petite calotte noire, la main égrenant un chapelet à gros grains. Le rêveur croit voir la Sainte Vierge, par exemple Notre-Dame des Sept-Douleurs. L'apparition a une physionomie agréable, un sourire dans le regard et sur les lèvres. Elle le regarde un long moment, puis lui parle: «Mon enfant, veux-tu?»

Le garçon répond spontanément: «Ô Mère, oui je veux.» Toujours souriante, l'apparition se retire à reculons vers la salle d'étude et disparaît.

Van se réveille, constate qu'il n'a que rêvé. Mais la scène l'a à ce point impressionné qu'il en repasse tous les détails et qu'il en est rempli de joie. Ce n'est que bien plus tard, fin 1944, après son entrée au couvent des rédemptoristes à Hanoï, qu'il reconnaîtra l'image de son rêve dans une statue de saint Alphonse.

Mais n'anticipons pas. Nombre d'épreuves jalonnent sa route avant qu'il n'atteigne cette borne.

6

Le projet religieux se dessine

(1943)

Le frère Marcel attribue à la Sainte Vierge la connaissance qu'il a faite de la communauté des rédemptoristes. Au cours d'une séance de ménage à la cure de Quang Uyên, il trouve dans une armoire des numéros de la revue *Duc Ba Hang Cuu Giup* (Notre-Dame du Perpétuel Secours). Naturellement attiré par des articles consacrés à sa Mère du ciel, impressionné, édifié, sa sympathie est éveillée à l'égard des éditeurs de la revue, les rédemptoristes de Hanoï, et l'idée naît en lui, persistante, qu'il pourrait être appelé à se joindre à ces religieux si dévots à Marie. Il s'empresse d'en parler à sa «sœur» Thérèse qui approuve son idée tout en le prévenant que cela ne se fera qu'après avoir surmonté bien des difficultés; elle lui annonce aussi qu'elle ne viendra plus causer familièrement avec lui, quoiqu'elle sera toujours invisiblement présente à son «petit frère». «À partir de ce moment en effet, notera dans la suite le frère Marcel, Thérèse ne me parla plus de longtemps, et ce fut pour moi le commencement d'une vie sombre et triste.»

À ce moment-là, l'atmosphère de la cure est troublée par des intrigues dont les jeunes pensionnaires sont les victimes. Trois groupes composent le personnel. D'abord le curé, le P. Maillet, homme zélé et droit mais dont le caractère bouillant est à redouter à l'heure des décisions; il est assisté par son confrère, le P. Brébion, plus âgé — tous deux dans la soixantaine — et modérateur des transports de son supérieur grâce à un naturel conciliant. Le service de la maison et de l'église est assuré par des chrétiennes recrutées sur place et intégrées dans le tiers-ordre dominicain. Enfin, les quelques garçons placés sous l'autorité d'un surveillant et qui, faute du petit séminaire toujours fermé, séjournent dans la maison à titre d'écoliers, mais également comme domestiques.

En 1943, c'est la guerre, le rationnement, mais tout de même pas la famine. Or les tertiaires, qui avaient la tendance à vouloir tout régenter à la cure, en étaient arrivées à doser la nourriture de telle sorte que les garçons et leur surveillant souffraient de la faim. L'ami Hiên dut quitter le groupe pour cette raison, puis le surveillant lui-même. Dans ces conditions, recueillant les doléances de son groupe, le brave petit Van crut de son devoir d'aller trouver le P. Maillet pour lui exposer le problème. Le curé écouta le garçon, assuré qu'il ne se plaignait pas sans de sérieuses raisons, car il avait confiance en lui et lui avait concédé des responsabilités d'économe. Mais c'est précisément à cause de cette confiance que la supérieure des tertiaires voulait le perdre auprès de l'autorité; elle avait précédemment usé d'insinuations, porté même des accusations qui avaient été considérées par le curé comme des racontars de bonne femme. À force de se faire rebattre les oreilles de ce sujet, le P. Maillet devenait agacé et traita les enfants de «plaignards». C'en était trop pour eux aussi. Au nom de ses camarades, Van s'en vint de nouveau, et le ventre creux, mettre le curé devant ses responsabilités, rien de moins. Il reproduit dans ses notes l'argumentaiton serrée qu'il présente, et les répliques du curé, d'abord contrôlées puis tournant à l'aigre et à la menace contre l'adolescent raisonneur qui dénonce les intrigues des tertiaires, rejette comme admirables mais inimitables les exemples de mortifications des religieux qu'il a sous les yeux:

> Quand je constate que dans votre ordre il n'y a que des saints qui ne mangent pas, qui gardent une barbe épaisse et se rasent la tête comme vous, je reconnais que je ne puis me sanctifier de cette manière-là. J'ai besoin de manger à ma faim...

De tels propos visaient en outre à repousser les avances du P. Maillet qui, connaissant le désir de Van de se faire religieux, lui avait proposé d'entrer au petit séminaire dominicain à Haï Duong, et même avait écrit au directeur. Cela s'était passé avant que Van ne connaisse la revue *Duc Ba* et il n'avait pas osé depuis faire part au bouillant curé de son attrait positif vers une autre communauté.

On imagine aisément le désarroi de ce jeune garçon sortant en larmes du bureau de la cure, sous la menace d'une expulsion. Si la chose se produisait, que faire? où aller? Il ne pourrait se présenter devant sa mère et avouer que, de nouveau, il avait été chassé comme un mauvais garnement. Le curé, lui, laissa traîner les choses, tout en faisant savoir que Van était «un hypocrite, un misérable, un glouton», et lui retirant une à une les petites charges d'économat qu'il lui avait confiées. Quant à sa «soeur» Thérèse, elle gardait le silence, comme si elle s'était désintéressée de son protégé. Pendant trois longs mois, il traîna sa peine, avalant ses larmes, jusqu'à ce qu'il s'enhardît à aller demander au curé de le laisser partir. Il ne reçut pour réponse que des haussements d'épaule, moqueurs, lui sembla-t-il. Une semaine plus tard, soit le 6 juin, à 9 h, il demande la permission d'aller se faire couper les cheveux au marché.

> Depuis deux mois, j'avais la tête comme une forêt de roseaux. C'était le P. Maillet qui se réservait de nous couper les cheveux suivant sa mode à lui, qui consistait à nous raser complètement la tête comme une noix de coco. Il craignait qu'en portant une chevelure bien soignée nous ne soyons une occasion de tentation pour les tertiaires... Or chaque fois qu'il nous coupait ainsi

les cheveux nous attrapions un rhume de cerveau qui durait quinze jours. Cette fois, j'étais décidé à ne pas céder. J'allai dire au Père que s'il ne me donnait pas d'argent pour aller chez le coiffeur, j'étais résolu de rester la tête ébouriffée jusqu'au jour où il me serait donné de retourner chez mes parents.

Cette bravade, qui pourtant n'avait rien de bien méchant, eut l'heur d'exaspérer le curé qui lança aux pieds du garçons les quelques sous de la coupe. Or il arriva que le coiffeur n'était pas là. Voyant revenir Van dans le même état, le curé cria à son adresse: «Je te chasse.» Mot fatal que le garçon craignait par-dessus tout; cela voulait dire qu'il perdait son honneur, qu'il n'était plus aux yeux de sa mère qu'un fils indigne, car personne n'oserait imputer une injustice à un missionnaire de vertueuse réputation. Frappé de stupeur et incapable de dire un mot ou de faire un geste, voici qu'il entend de nouveau une voix chère, c'est sa «sœur» Thérèse qui lui dit: «Allons, debout! Ne te décourage pas comme si tu étais seul au monde. Fais un effort pour sourire et chante...» Suivant cet amical conseil, sans chanter toutefois, il va faire son baluchon. Déjà, tant chez les tertiaires que chez ses camarades, on savait qu'il était chassé; aucun de ces derniers, par crainte d'être accusé de connivence, n'ose lui dire un mot de sympathie. Seul le père Brébion, qui désapprouvait le geste de son confrère, eut pour lui des paroles de réconfort et d'espérance.

Muni de quelque argent, il pourrait se rendre dans sa famille, mais il n'en était pas question, il irait plutôt à sa première cure, Huu Bang. Il fait donc à rebours la route qui l'a conduit à Quang Uyên un an plus tôt. Première étape: Cao Bang, où il compte passer la nuit chez le curé. Dans le car brinquebalant, les pensées sombres assaillent sa conscience inquiète: la voix de Thérèse, serait-ce simplement l'écho de sa propre voix?...Seule la prière peut le faire surnager et ramener le calme après la tempête. Avant de se présenter à la cure, il passe par l'église où, devant une statue de la Sainte Vierge, il recouvre la paix. Ainsi peut-il faire bonne figure aux retrouvailles de copains du petit séminaire. À la vue de sa chevelure hérissée, le vicaire vietnamien a l'heureuse idée de convoquer immédiatement le coiffeur. Le lendemain matin, sur la route de Lang Son, il fait un arrêt à la chrétienté du P. Drayer du Fer, qui le soutient de sa précieuse compréhension et lui remet une lettre de recommandation pour l'abbé Joseph Nha. Celui-ci le revoit non sans surprise, mais il a l'obligeance de lui épargner ses commentaires et l'accueille dans sa «maison de Dieu». Il se devait cependant de prévenir les parents de la présence de leur garçon à la cure et d'en donner sommairement la raison. En réponse à sa lettre, la mère demandait que Van vienne passer le temps des vacances à la maison. Le jeune fut bien reçu, entouré de l'affection des siens, et les confirma dans l'idée qu'il s'était toujours bien conduit. Il fit connaître à sa mère et à sa sœur Lê son désir d'entrer dans la communauté des rédemptoristes. Sa mère ne s'y opposa pas, loin de là, mais elle exigeait l'approbation de l'abbé Nha. Aussi, après deux semaines passées dans sa famille, retrouvons-nous Van à la cure de Huu Bang.

* * *

Je n'étais jamais entré en contact avec un membre de la communauté des rédemptoristes; si je désirais y entrer, c'était dans l'intention de pouvoir y aimer davantage la Sainte Vierge. Tout ce que j'en savais, je l'avais appris par la revue *Duc Ba*. Comment entrer en relation avec eux et de quelle manière m'exprimer?

Voilà un grave problème pour un petit villageois bien éduqué: le «phep», le savoir-faire. Le problème le plus immédiat cependant était d'être discret sur son projet à l'endroit du curé, car s'il lui en faisait part, il courait le risque d'attendre indéfiniment une réponse, selon la déplorable habitude du pasteur. Il s'adressa plutôt à un catéchiste qui avait son jeune frère au juvénat des rédemptoristes. La lettre fut donc écrite aisément au religieux préposé au recrutement, mais Van fit le mauvais calcul de signer d'un paraphe illisible. La réponse fut adressée au curé dans le but de s'enquérie de l'auteur de la lettre. Le curé devina qu'il devait s'agir de Van, qu'il réprimanda sur sa façon d'agir; mais comme il recevait l'assurance que ses parents étaient d'accord s'ils avaient sa propre approbation, il dit au garçon: «Va où tu voudras, mais il faudra te débrouiller seul.»

En toute diligence, il rédige une deuxième lettre en prenant soin d'écrire lisiblement son nom. La réponse fut rapide et reçue avec fierté; les termes toutefois étaient prudents et proposaient une double solution: ou bien l'entrée prochaine au juvénat de Huê — compte tenu de ses années de scolarité — et les longues années d'études en vue de la prêtrise; ou bien l'entrée au noviciat des frères coadjuteurs de Hanoï, mais différée à ses dix-huit ans. Van avait renoncé à la prêtrise, donc pas de juvénat; et pour l'alternative, il lui faudrait attendre trois ans! Comment supporter d'attendre tout ce temps? Les lettres qu'il écrit au Père pour expliquer son cas qu'il juge exceptionnel, pour dire son impatience, etc., ne reçoivent de réponse que tardive et sans la moindre concession. D'autre part, ses colloques ont repris avec sa «sœur» Thérèse qui l'exhorte à la patience et lui fait comprendre qu'il y a de l'enfantillage à vouloir entrer en religion comme elle à quinze ans. Il continue d'écrire au Père comme à un conseiller spirituel, commerce qui contribue à améliorer sa prière.

En guise de compensation, le curé de Huu Bang lui confie une occupation qui l'intéresse vivement, soit l'enseignement des éléments de la religion aux enfants, spécialement dans les postes annexes de la paroisse à l'occasion des retraites. Il se trouve à l'aise au milieu de gosses turbulents dont beau-

Le frère Marcel Van. Photo de 1946.

La mère de Van.

Van à la
« maison de Dieu »,
à 8 ans.

La famille. Photo prise en 1954, à Saïgon, après le départ de Tê pour le Canada. Le père, la mère, la grand-soeur, ses deux enfants et son mari (à gauche), Marcel, son jeune frère et un cousin.

La maison des rédemptoristes à Hanoï.

Chapelle du noviciat.

Chapelle publique.

La maison des rédemptoristes à Saïgon.
État en 1950.

Groupe de confrères (Saïgon, juillet 1951).
Marcel est à la première rangée, à droite.

Vue de la maison d'études
à Dalat (1952).

Marcel
en compagnie de frères coadjuteurs.

Tenue de Marcel
lors de son arrestation.

La sœur de Marcel, Anne-Marie Tê,
moniale rédemptoristine.

coup ignorent l'ABC du catéchisme. Il associe l'enseignement au jeu. Il communique à ses cadets sa jeune expérience de la prière, de la familiarité avec Dieu, comme « avec quelqu'un qui est tout près de nous ». Il a des fioretti à rapporter sur les résultats de ce qu'il considère comme un apostolat. Il se compose une technique d'abordage des petits dont la première règle est de les aimer.

> Si les enfants m'attirent et me sont chers, ce n'est pas seulement à cause de mon tempérament, mais encore à cause de la limpidité et de la beauté de leurs âmes remplies de l'amour de Dieu. Par conséquent, pour moi vivre au milieu d'un groupe d'enfants, c'est vivre comme au paradis.

* * *

Alors que cette fonction occupe ses semaines et contient heureusement son impatience, Van reçoit avec surprise une lettre d'un Père (Maurice Létourneau) nouvellement chargé du recrutement des postulants frères. Surprise joyeuse de la date avancée de l'admission, puisqu'on en est seulement au 22 juin 1944; surprise plutôt pénible, pour le garçon démuni d'une famille appauvrie, du trousseau suggéré. Il était entendu que le curé ne lui donnait rien; Madame Sau, la « riche » personne qui l'avait recueilli et soigné jadis, ne s'intéressait plus à cet aspirant religieux qui dédaignait de devenir l'époux espéré de sa fille. Sa mère réussit à rassembler les habits et articles qui figuraient sur la liste (qui n'était pas contraignante, comme il l'apprit plus tard, trop tard), de sorte que le 15 juillet il était prêt à partir. Sa mère lui fit des recommandations touchantes inspirées par un amour profond et une juste intuition des exigences de la vie religieuse. Le lendemain 16, vers les neuf heures, après s'être placé sous l'égide de Notre-Dame du Mont Carmel dont c'était la fête, Van se présente au monastère des rédemptoristes de Hanoï. Le Père recruteur le reçoit et s'étonne de voir ce tom-pouce qui a pourtant seize ans. Puis c'est au tour du supérieur (le P. Couture), qui se trouve avec quelques confrères au bureau de la revue *Duc Ba*, de s'étonner de la taille de l'aspirant. «Quel âge as-tu? — J'ai seize ans, mon Père. — Il est probable qu'on t'a baptisé quatre ans avant ta naissance...» Il le questionne sur ses études; il admire le cran, la netteté de ses réponses, les vues surnaturelles de ce gosse qui laisse une bonne impression, mais c'est l'avis commun de le laisser grandir et se fortifier avant de l'admettre au postulat. Le P. Létourneau invite donc le pauvre garçon tout en larmes à retourner à son village pour un temps et le munit d'un viatique.

Fausse entrée. Mais l'espoir se moque d'un échec.

7

Religieux du seuil:
Postulant

(Octobre 1944 — août 1945)

La détresse du garçon rendu à un village et à une famille devenus étrangers tant à ses soucis présents qu'à ses ambitions futures, oui, sa détresse se devine aisément. Deux semaines se passèrent dans l'ennui et les larmes, ce qui amena sa mère à poser un geste semblable à celui qui lui avait fait jadis confier son enfant corps et âme à l'abbé Nha: elle écrivit une lettre au supérieur des rédemptoristes remettant entre ses mains son garçon. Il était donc de retour à Hanoï le 1er août et rencontrait le P. Létourneau qui, ayant pris connaissance de la lettre, envoya le jeune loger provisoirement à la maison du gardien.

Au sommet de l'été tropical tonkinois, à un

moment où la situation de guerre condamnait aux privations de tout genre: argent, nourriture, vêtements, etc., la communauté ne pouvait accorder à son personnel, et encore moins à la multitude des mendiants, un traitement généreux. Au petit bonhomme de Van, qu'on voulut ménager en dépit de son insistance intempestive, on assigna un logement dans le grenier à riz, en compagnie d'un vieux serviteur. Le soir du 2 août, Van voulut, dédaignant l'invitation du vieux à s'installer dans la pièce du décorticage, rester dans le compartiment du riz, sur un lit fait d'un battant de porte placé sur une vieille baignoire. Dans l'obscurité les souris, plus nombreuses que les grains de riz, le torturèrent jusqu'à l'aube. Aussi le soir suivant, étendit-il sa natte dans l'autre pièce, où la plaie des moustiques remplaça celle des souris. Tout de même, enfant de ce pays, il se fit rapidement à la situation, et après une semaine, il dormait à peu près normalement. Comment d'ailleurs n'aurait-il pas dormi sous l'effet de la fatigue du jardinage?

À si peu de distance, dans le vaste enclos ceinturé d'une haute haie de bambous et d'un arroyo, si près de la maison religieuse, terme de ses désirs, Van trouve la situation pénible. Il n'est pas habitué à un travail manuel continu. Les quelques frères de la maison qui l'observent n'ont pas de paroles trop aimables à son adresse. Deux ou trois fois par semaine, le P. Létourneau passe par là et lui fait oublier, par ses propos optimistes et son large sourire, la tristesse inévitable de l'aspirant de devoir rester à la porte. Le dimanche, il se rend à la chapelle du Carmel, là précisément où Thérèse de l'Enfant-Jésus désirait venir passer une vie missionnaire. Il y trouve un remontant moral dans ses entretiens avec la « sœur » qui lui semble habiter ces lieux.

Les semaines passent; on est au début d'octobre. Van apprend l'existence de saint Gérard Majella, frère rédemptoriste et patron des Frères de l'institut, et sa fête tombe le 16 octobre. L'idée naît en lui de le prier pour qu'il prenne sa cause en main, c'est-à-dire pour que s'accélère la marche de sa demande d'admission au sein de la communauté. Approuvé et stimulé par son inspiratrice, sainte Thérèse, il n'attend rien de moins qu'un miracle. Dans les délais normaux, il devrait attendre encore deux ans avant qu'on pense sérieusement à lui, alors qu'il voudrait que l'affaire se règle maintenant. Le 16 octobre passe et rien ne se produit. Le 17, apprenant que c'est l'anniversaire du Supérieur le lendemain 18, et soutenu par les encouragements de Thérèse, il se rend présenter ses hommages au P. Couture et lui renouveler par la même occasion son désir d'être admis immédiatement dans la communauté comme postulant. Tout en s'exprimant, il pleurait à chaudes larmes. Et voilà qu'il s'entend dire ceci:

Assez, ne pleure plus. Tu as été assez gentil de venir me présenter des souhaits de bonne fête, je t'en remercie. De plus, eu égard à ton grand désir d'être admis dans la communauté, j'en suis touché et c'est avec joie que je t'y accueillerai, ce soir même.

Les cris de joie succèdent aux larmes. Oubliant, note-t-il, de remercier saint Gérard, il court rassembler ses frusques et revient au parloir recevoir les compliments du P. Létourneau qui le présente comme un confrère à la communauté réunie pour le repas. «Désormais, petit frère, tu ne seras plus un étranger, un petit gars logé dans le coin du jardin, mais un confrère.» Et pères et frères de reconnaître avec la nouvelle recrue que c'est par une faveur exceptionnelle — un vrai miracle! — que les délais usuels ont été supprimés pour lui.

* * *

Ce même soir, Van prend possession de sa chambre, semblable à toutes les autres. Plus de souris, plus de bestioles, grâce à une moustiquaire. Aux murs, un crucifix et quatre images encadrées: Sacré-Cœur, Notre-Dame du Perpétuel Secours, saint Alphonse, saint Gérard. Son esprit religieux lui fait ressentir vivement la présence céleste entre ces murs, et les larmes — qu'il a faciles — lui viennent aux yeux. Larmes de bonheur: «Je pleurais parce que je me sentais aimé.»

Dès le lendemain de son entrée au monastère, il reçoit la fonction d'aide à la cuisine. Le chef cuisinier lui précise son champ exclusif: nettoyer les marmites, enlever le charbon du fourneau,

70

frotter le parquet. La besogne n'est pas compliquée, quoiqu'elle demande du muscle; Van y apporte toute son application, sans recevoir, lui semble-t-il, trop de félicitations. Assurément, les premières semaines, les frères et les postulants le ménagent en raison de sa taille menue, de son inexpérience du travail, ainsi que du privilège de son admission insolite dans le corps des religieux. Mais, dans un groupe, il est réaliste de tenir compte chez certains de la vanité et de la suffisance qui fait des envieux. Van entend des réflexions de ce genre: «Petit comme il est, il ne mérite pas le nom de frère... Comment un aspirant religieux peut-il pleurer pour la moindre chose? ... Il n'y a aucune Règle qui autorise à admettre des enfants en communauté... A-t-il seulement l'âge de raison?» Et pourtant il en arrive à travailler aussi bien sinon mieux que quiconque de son groupe:

> Durant trois longs mois, mon unique résolution, après chaque oraison, était celle-ci: «Je vais m'efforcer de nettoyer parfaitement les marmites, d'enlever le charbon et d'épousseter le foyer avec grand soin, pour l'amour de Jésus.» Après ces trois mois, les travaux auxquels j'apportais tous mes soins, au lieu de m'effrayer, m'étaient devenus faciles. Je disais fièrement à Jésus: «Voyez, est-ce que je ne suis pas habile?»

Il craignait cependant que le P. Supérieur, ajoutant foi aux paroles de quelque censeur, ne se trompe sur son compte et ne le renvoie à son village. Et qui alors prendrait sa défense? Mais à aucun moment le postulant soucieux d'un beau travail ne reçut de blâme de l'autorité.

Le frère Marcel signalera dans son écrit et «pour la première fois» (donc des années après le fait) le cas d'un postulant de son groupe qui ne manquait pas une occasion de le piquer au vif, et les occasions étaient nombreuses puisqu'ils travaillaient tous deux à la cuisine. Obséquieux à l'égard des frères, ce postulant disait professer de la dévotion à sainte Thérèse de l'Enfant-Jésus, cherchant à en tirer avantage quand il se comparaît à ce débile de Van. Celui-ci évitait l'affrontement, il chercha même l'occasion de lui rendre service; son offre rejetée avec mépris, il s'appliqua dès lors à supporter sa compagnie en silence. Admis tous deux ensemble au noviciat, le fanfaron qui annonçait le renvoi incessant de Van fut renvoyé lui-même après trois mois.

En revanche, les exemples d'une piété solide et d'une charité obligeante chez les frères de la maison l'emportaient dans l'esprit du postulant sur les désagréments quotidiens de la vie commune. Van se rendit vite compte que l'Évangile vécu par des personnes renseigne mieux que les livres spirituels sur les voies de la sainteté. C'est pourquoi il avait l'œil sur ces confrères exemplaires:

> Après avoir appris à contempler Jésus caché dans les confrères et y réalisant sa vie dans les activités de chacun en particulier, je n'ai plus éprouvé aucune répugnance à me mettre à l'école des confrères, en ce qui concerne la pratique des vertus;

au contraire, j'éprouvais de la joie quand je parvenais à me bien conduire comme eux.

* * *

Cette portion de l'initiation de Van à la vie religieuse au cours d'un postulat de dix mois, si elle fut heureuse dans son ensemble, l'angoisse y eut aussi sa part. Ce garçon sensible, pourvu déjà d'une expérience du malheur tant dans sa famille que dans ce qu'on pourrait appeler des foyers d'hébergement, favorisé d'un sens religieux fort éveillé et du projet ferme d'entrer en religion, sa condition de postulant est loin de le rassurer sur son avenir. D'où les troubles intérieurs qui se reflètent normalement dans les rêves. Il rapporte longuement un de ces rêves, trop bien charpenté d'ailleurs pour n'avoir pas subi quelques remaniements d'une imagination aussi active que celle de notre jeune homme.

Il rêve donc que, certain midi, ne pouvant s'endormir à la sieste, il promène sa mélancolie dans le couloir de son étage, quand soudain Thérèse est là et lui demande raison de sa tristesse. Il lui confie l'inquiétude qui le ronge et dont il ne peut parler à personne. Alors, à leurs yeux se présente le spectacle de cinq petits diables qui s'agitent, piaillent... Van veut les frapper du pied; Thérèse le retient d'abord, puis l'invite à y aller rondement contre les lutins qui s'enfuient en criant et en dégageant une forte puanteur... Et Thérèse, qui était restée très calme et même souriante, de conclure: «Petit frère, ne t'arrête pas aux choses de nature à troubler la paix de ton âme: ce sont là des histoires inventées par le diable.» Cette leçon, reçue en rêve, eut pour effet bienfaisant et immédiat de rendre stable une paix intérieure jusque là sujette à des éclipses.

* * *

Nous savons par tout ce qui précède que la piété de Van a un caractère concret. Sa méditation devient un dialogue, sa prière requiert la présence. Voici comment naît un de ces colloques:

> ...c'était durant le silence de l'après-midi, à l'heure où Jésus expira sur la Croix. Comme j'étais occupé à préparer la farine pour les gâteaux, tout en méditant dans mon cœur sur l'amour de Jésus souffrant, soudain je sentis un grand changement s'opérer dans mon âme... J'avais le sentiment que Dieu était près de moi, qu'il m'aimait beaucoup. À ce moment-là, j'entendis une voix qui me disait doucement: «Est-ce que tu m'aimes beaucoup? — Oui, mon Dieu, je vous aime beaucoup...»

Il a retenu dans ses notes un instant oh! combien privilégié de sa méditation, un soir de juin 1945, à l'heure de la bénédiction du Saint-Sacrement. Il voit Jésus venir à lui accompagné d'une rumeur lointaine; la rumeur se fait plus proche et elle sort d'une manifestation hostile dont Jésus est la cible: une foule composite de gens levant le poing, vociférant, lançant des pierres à Jésus, qui est atteint aux jambes... Mais le doux Sauveur n'éprouve que pitié pour cette humanité déchaînée. De tels événements, si imaginatifs soient-ils, l'impressionnent fort et stimulent sa prière pour les pécheurs. Pour son père, pour un certain médecin.

Car voici justement une intention de prière qui va mobiliser toutes ses capacités de supplication. Un médecin français qui a fait carrière aux colonies, le docteur Le Roy des Barres, est tombé gravement malade. De famille catholique, il avait promis à sa mère mourante de toujours donner gratuitement ses soins aux prêtres, aux frères, aux sœurs qui y auraient recours, promesse qu'il observa fidèlement. La communauté de Hanoï lui était redevable de nombreux et précieux services. Mais il avait depuis longtemps rompu avec la religion et était devenu un adepte militant de la franc-maçonnerie. Au printemps de 1945, il était presque octogénaire quand il fut terrassé à son tour, après le P. Hiêp, préfet des frères, qu'il n'avait pu sauver d'une fièvre récurrente. La communauté fit assaut d'intercession auprès du Seigneur pour obtenir sa conversion, manifeste ou non. Le P. Louis Roy, qui avait succédé au P. Hiêp comme préfet des frères, se rendit chaque jour à son domicile dans l'espoir de lui parler, mais on lui défendait la porte de sa chambre; une seule fois il y fut admis mais pour s'entendre dire par le patient: «Laissez-moi, laissez-moi, je suis très fatigué.» Il mourut une nuit sans avoir donné le moindre signe de repentir. Mais Van acquit la certitude qu'il s'était reconnu et laissé sauver par la miséricorde du Seigneur. Voici comment. Dès l'annonce de la maladie du docteur, il avait prié avec plus d'assiduité et de confiance, il s'était imposé des sacrifices, et la nuit où le médecin était à l'agonie avait été particulièrement pénible, tourmenté qu'il était par une soif qu'il se refusait à étancher depuis le midi et qui le portait au délire. Le matin, toutefois, au lever, il se sentit dispos comme d'habitude, peiné comme tous les autres de la mort du médecin et de son impénitence apparente, ce qui l'amena à dire à Jésus au tabernacle:

> Vous savez, Seigneur, qu'il y a trois ans que mon père ne s'est pas confessé. Afin de me tranquilliser au sujet du salut du docteur, je vous demande cette faveur, que mon père obtienne la grâce de se confesser et de communier au cours de cette année. Ce sera le signe par lequel vous me ferez connaître que le docteur s'est repenti.

Or, trois jours après, quelqu'un de son village vint le visiter et lui apprendre que son père s'était confessé au temps de Pâques, avait communié et que, depuis lors, il vivait en bon chrétien.

8

Religieux du seuil: novice

(Septembre 1945 — Septembre 1946)

Le droit canonique et les constitutions d'une communauté reconnue par l'Église déterminent la nature et la durée des étapes de probation d'un aspirant à la vie religieuse. Chez les rédemptoristes, l'aspirant peut d'abord vivre au couvent à titre d'observateur du milieu où il désire s'engager, période brève qui débouche sur le postulat, lequel s'inscrit à l'intérieur d'une année; au terme de cette expérience, le candidat retourne de son plein gré ou est renvoyé dans ses foyers, ou il est accepté au noviciat qui s'étend sur une année et se termine par l'émission de vœux temporaires.

Dans le cas de Van, aspirant accueilli d'emblée comme postulant dans la seconde quinzaine d'octobre 1944, il est admis avant même une année écoulée au noviciat qui débute le 8 septembre

1945. L'annonce de son admission lui est signifiée au mois d'août, alors qu'il est assailli d'inquiétudes. Certains confrères témoignant de l'hostilité à son égard, il imagine que les supérieurs partagent les mêmes sentiments et donc il ne serait pas étonné qu'on le repousse «dans le monde». D'où l'heureuse surprise de son admission.

La prise d'habit est précédée d'une retraite de quinze jours passée dans un silence favorable à l'intimité avec Jésus. Il en écrit:

> Ces quinze jours ont passé avec la rapidité d'un doux rêve. J'avais l'impression de ne plus dépendre du temps; j'oubliais tout ce qui se passait au dehors; je sentais à tout moment que Dieu était près de moi; j'entendais sa voix résonner doucement au fond de mon cœur. Durant toute cette retraite, que de conversations intéressantes... J'ai ensuite commencé mon noviciat et, à partir de ce moment, Jésus fut mon compagnon de route.

Il faut situer cette année de noviciat dans le contexte politique du temps. Profitant de la confusion créée par l'armistice nippo-américain de la mi-août 1945, le chef communiste Hô Chi Minh avait proclamé l'indépendance du Vietnam de la France, à Hanoï même, le 2 septembre, et s'était arrogé le pouvoir. Au Sud, la troupe française avait vivement réagi en rétablissant les droits de la métropole sur la Cochinchine. Au Nord et au Centre, régna pendant plus d'une année un compromis entre puissance coloniale et gouvernement local révolutionnaire, équilibre précaire gros d'incidents violents et qui devait se rompre en décembre 1946 par le coup de force manqué du gouvernement communiste et dégénérer en un conflit sans fin. Les événements quotidiens avaient naturellement leur écho à l'importante maison rédemptoriste de la capitale, chez les novices comme chez les frères, les scolastiques et les pères.

L'année de noviciat est un temps de probation. Un programme très élaboré détermine la part donnée à l'initiation doctrinale et spirituelle, au travail — pour les frères laïcs — et à la prière. Comme novice-frère, Van, devenu frère Marcel au début de son postulat, participait donc au service de la maison dans des emplois subalternes. Il est un novice parmi ses camarades, appliqué à sa besogne et soucieux de ne pas faire moins bien que les autres.

Ce en quoi il se distingue des autres est la prière. Le frère Marcel a laissé une quantité considérable de notes spirituelles écrites pendant l'année de son noviciat, et qui nous ont été conservées grâce à l'intérêt très vif qu'y prenait le Maître des novices. Le gros cahier de la traduction française inédite due à ce dernier est de plus de 60 000 mots. Ces notes sont les transcriptions de prières, d'entretiens avec Jésus, Marie et sa « sœur » Thérèse, pas moins. Nous savions déjà que la prière chez lui tournait naturellement au dialogue tant il est sensible à la présence du monde invisible. Nous connaissons déjà quelque chose des colloques qu'il poursuivait avec sainte Thérèse.

Peu après le début de son noviciat, il a la surprise et le privilège de voir Jésus prendre l'initiative de causer avec lui, de préférence dans la solitude de sa chambre, et de lui donner des instructions:

> Écoute les paroles que je t'adresse maintenant et mets-les par écrit. J'attends de toi le même travail que j'ai demandé à Sœur Benigna-Consolata. Je veux que tu serves d'intermédiaire à mon Amour miséricordieux auprès de tes compatriotes... Je te permets de demander conseil à ton directeur, bien que je sois assuré de son approbation. Il suffira que tu écrives quand tu as des temps libres. Tu n'auras à écrire que ce que tu auras retenu... Ce que je te demande de faire, fais-le vite, car je ne te laisserai pas longtemps sur cette terre d'exil.

Pour éprouver son obéissance et discerner l'esprit qui l'anime, le Maître des novices mis au fait des colloques lui enjoint de ne plus écrire les paroles qu'il prétend avoir entendues. Le novice se conforme à l'instant à cet ordre. Après deux semaines toutefois la défense est levée et le journal spirituel se gonfle désormais des communications, entretiens et prières jusqu'à former le dossier décrit plus haut.

Faut-il sourire de cet écoulement torrentiel inspiré par la ferveur sensible d'un débutant? Il est bon d'écouter en premier lieu le principal intéressé. La veille de Noël, le frère Marcel écrit au père Maître ce billet touchant:

Chaque fois que je vous ai demandé la permission de revoir les paroles que Jésus m'a adressées, mon esprit était troublé. Il me semblait que ces paroles étaient un produit de mon imagination. Je soupçonnais le démon là-dessous. Mais ayant relu mes feuillets je recouvrais la paix et j'étais assuré de n'avoir pu inventer moi-même des paroles si pleines de sens. Vous savez aussi que dans les moments où Jésus ne me parle plus, il m'est impossible de faire une phrase convenable. Bien plus, je ne puis pas même raconter ce qui se passe de plus banal dans la journée. C'est pourquoi je n'ai pu écrire de moi-même des paroles comme celles que Jésus m'a dictées.

Nous respectons assurément la conviction du petit secrétaire de Jésus. Son père Maître témoigne de son comportement exemplaire, de sa limpidité d'âme, de sa générosité face au sacrifice. Mais il sera permis de relever certains facteurs propres à éclairer la tenue et la teneur du journal spirituel du jeune novice. Le facteur personnel: nature primesautière, familiarité enjouée, ingénuité, loquacité, expérience précoce de la souffrance, et surtout sens religieux. Le régime de stricte observance du noviciat avec le cours d'instructions, le climat de prière, l'existence feutrée en dépit du danger ambiant, la lecture reprise et assimilée de l'*Histoire d'une âme*, les confidences de la VOIX que rapporte la vie de la religieuse visitandine Benigna-Consolata, la somme de vie parfaite en religion qu'est *la Sainte religieuse*, de saint Alphonse, etc.: n'y a-t-il pas là de quoi exalter l'esprit d'un jeune être pieux et sensible et le provoquer à prendre de la hauteur?

La forme que le frère Marcel donne à ses propos est celle de libres entretiens avec Jésus, Marie ou Thérèse, ou avec les célestes interlocuteurs rassemblés. Les réflexions, prières, dialogues naissent-ils en les écrivant, ou en fait-il après coup la transcription? Comme c'est vraisemblablement à l'heure de la méditation en chambre de l'après-midi, lors des jours de congé ou plus souvent à la faveur des loisirs du dimanche — comme en témoigne la datation des feuillets — que l'inspiration est active, et que, au surplus, le premier interlocuteur est le scripteur, il y a lieu de penser qu'il médite et prie en écrivant. Grâce à la belle écriture, le texte du frère Marcel se lit avec agrément: lettres bien formées, régulières, affectées des accents à l'allure élégante — de la «belle ouvrage».

De quoi sont faits ces colloques? Jésus, Marie et Thérèse, tenant le langage de Marcel, multiplient les variations sur l'Amour, l'amour miséricordieux de Jésus en quoi tout se résume, vers quoi tout converge, source de tout bien. Une spiritualité qui a de la substance donc, simple, saine, ne comportant rien de nouveau. Sans aucun apprêt, ce qui tient le plus à l'esprit du priant, ou la préoccupation du jour, fait la matière de l'entretien. Pas d'exposé doctrinal, — quoique parfois les célestes interlocuteurs se laissent aller —, mais une question, l'exposé d'une situation amenant une solution dictée, cela va de soi, par des vues évangéliques. Marcel parle de ses états d'âme, d'ennuis passagers, de fatigue, rarement de son travail. Son directeur, soit le Maître des novices, qu'il désigne sous le nom de « Jésus barbu » (référence à la barbe que portent les missionnaires), vient souvent sous sa plume, car la doctrine, les directives, les initiatives doivent recevoir l'aval de ce gourou. Il arrive que le novice soumet au jugement de Jésus des opinions de ses confrères, comme le terme d'« épouse de Jésus », qu'il affectionne pour lui-même, et qui est rejeté par un autre, les autres :

> *Marcel* — Petit Jésus, voilà que le frère Eugène continue à affirmer que jamais il n'admettra que son âme est votre épouse. Il soutient que seules les femmes sont vos épouses.

> *Jésus* — Petit frère, dis ceci au frère Eugène : « Si dans les rapports avec Jésus on n'a pas les sentiments de l'épouse à l'égard de son époux, on n'a pas non plus les sentiments de l'enfant à l'égard de son père ; ni ceux d'un élève à l'égard de son maître... Celui qui refuse de reconnaître Jésus comme l'époux de son âme, il n'a pas le moindre degré d'amour pour Lui... Dans l'Évangile, je n'ai pas parlé spécialement pour les femmes, mais pour toutes les âmes » (8 mai 1946).

Ces quelques lignes sont détachées d'un long développement sur le sujet que dans sa théologie naïve le jeune apprenti prête à Jésus, car son divin Ami est parfois intarissable. Telle autre constante est la pratique du baiser d'amitié, qui traduit une certaine recherche de compensation pour les frustrations affectives du jeune Van: Jésus, Marie, Thérèse ne l'abordent et ne le quittent pas sans lui donner le baiser rituel.

Le lecteur resterait sous l'impression que la prière du frère Marcel se réduit à de menus problèmes personnels si l'on ne notait qu'elle porte au contraire le souci du salut du monde. Il prie pour son pays menacé par l'emprise communiste, pour la France de sainte Thérèse en proie aux mêmes dangers, pour les prêtres dont la piété et le zèle sont à zéro, pour tel pécheur et pour tous les pécheurs, pour les jeunes enfants vivants et pour les enfants morts sans baptême; il professe un culte assez peu courant pour les âmes du purgatoire...

* * *

Donner un échantillon de ces colloques du frère Marcel n'est pas aisé, en raison de leur diversité d'objet et de ton, ainsi que de leurs dimensions. En voici un cueilli presque au hasard dans la période la plus heureuse, semble-t-il, de son noviciat, qui va de la mi-mars à la mi-mai et compose plus de la moitié du journal.

Marcel — Aujourd'hui, j'ai dû servir à table, et j'étais bien fâché. Étant déjà fatigué, je n'avais pas fini de servir à un endroit qu'on m'appelait à un autre, si bien que je ne savais plus où donner de la tête. Finalement, il y avait assez de plats partout, il ne manquait rien nulle part. Je me suis vraiment fâché contre les Pères et les Étudiants. Avant même d'avoir fini de servir, ils appellent le servant, et quand on leur a apporté ce qu'ils demandent, on constate qu'il y en a trop, alors qu'il en manque ailleurs. Cela arrive surtout les jours de récréation: les Pères, en parlant et gesticulant sont portés à lever la main comme s'ils demandaient quelque chose; mais arrivé près d'eux, on constate qu'ils n'ont besoin de rien; ils avaient simplement levé la main dans la joie de leurs propos. Bien souvent, je suis vraiment fatigué, et je dois encore être trompé de la sorte. Petit Jésus, vous devez y voir, sinon c'est très pénible pour moi. Cependant il n'y a que les jours où je suis fatigué que je me fâche ainsi; quand je ne suis pas fatigué, je puis prendre cela en riant. Mais aujourd'hui, petit Jésus, même si vous et ma sœur Thérèse aviez plaisanté pour me faire rire, vous auriez perdu votre temps. Il est heureux du moins que je n'aie pas pleuré, mais j'ai trouvé cela très pénible.

Jésus — Oui, c'est bien comme tu dis, petit frère, il n'y a qu'en ces moments de fatigue que je puis te faire voir tes faiblesses et t'apprendre que vraiment tu n'as pas un atome de vertu. Petit frère, vois par là combien tu es faible. Qu'il te suffise de te livrer à moi et de mettre toute ta confiance en moi seul, n'est-ce pas?

Marcel — Maintenant je ne suis plus fâché parce que je ne suis plus fatigué.

Jésus — Pourtant, petit frère, ta faiblesse n'est pas disparue avec ta fatigue. Elle demeurera en toi jusqu'au moment où tu recevras de moi le premier baiser de ta vie... Petit frère, souviens-toi toujours que tu es une âme vraiment pauvre et indigente. Ne te trouble pas de tes faiblesses, comme te l'a dit ta sœur Thérèse et comme je te l'ai dit moi-même plusieurs fois. C'est en connaissant ton néant que ta confiance en moi pourra être vraiment ferme (10 mai 1946).

* * *

Approchait le jour J, celui de la profession des novices. Juin, juillet: presque rien au journal du frère Marcel. Il y a de l'angoisse dans l'air, sinon du vent, car c'est l'inexorable et interminable canicule tonkinoise.Notre novice craint que pour lui l'émission des vœux ne soit refusée, ou reportée à plus tard. Il pense à sa santé pas bien vigoureuse; plus sérieusement, aux défauts de l'enfance encore trop apparents qu'on lui reproche... D'où le soulagement et la joie que lui apporte de nouveau son admission inconditionnelle. De ce moment, le tonus moral est en hausse graduelle et notée au cours de la retraite préparatoire.

Ô Mère, me voilà en retraite, mais je ne sens aucune ferveur. En écoutant les instructions, je n'éprouve aucune émotion. Dès que le Père a terminé, j'ai tout oublié... Je reste recueilli (24 août).

Hier, j'écrivais sans arrêt, et cela sortait toujours. Étrange: plus j'écrivais, plus ça venait, comme si, petit Jésus, vous aviez déjà tout écrit d'avance dans mon cœur (28 août).

C'est aujourd'hui la fête de mes frères et sœurs les martyrs vietnamiens. Je désire beaucoup mourir comme eux, mais pour le moment les Viet-minh n'osent pas persécuter ouvertement la religion, de sorte que je suis certain de ne pas mourir martyr (1er septembre).

Je viens de faire une confession générale. Il n'y a plus en ce moment la moindre souillure dans mon âme (4 septembre).

Ô Mère, dans deux jours je pourrai me dire en toute vérité l'épouse du petit Jésus (6 septembre).

Que le 8 septembre fût la fête de la Nativité de Marie et l'anniversaire de la profession religieuse de sainte Thérèse de Lisieux ajoutait encore à la solennité de ce jour mémorable. Sous la tutelle de la Vierge et à l'imitation de sainte Thérèse, il avait composé pour ce jour un acte d'union à Jésus, variations brûlantes autour de ce motif: « Jésus, mon frère, je vous aime », acte qu'il signe; « Votre petite épouse ». Il écrira peu après:

Ce jour de bonheur passa avec la rapidité d'un nuage qu'emporte le vent. Tout le long de cette journée, ce fut la joie enivrante. Le soir venu, je me proposais de mettre par écrit quelques pensées, mais en regardant les étoiles qui scintillaient dans un ciel limpide et plein de charme, j'ai laissé ma plume de côté. Puis, appuyé sur le bord de la véranda, tout en contemplant les étoiles, je songeais à la Petite Thérèse, au soir du 8 septembre 1890. De nouveau j'eus une sensation de malaise et mon âme fut prise d'un ardent désir de pouvoir s'envoler bientôt avec son divin Époux dans l'éternelle patrie. Après un moment de joie débordante, je laissai couler quelques larmes, puis j'entrai dans cette nuit qui peut-être n'aurait pas de lendemain.

9

Au service de ses frères

(1946-1954)

Du fait des vœux temporaires qu'il a prononcés le 8 septembre 1946, Marcel passe de la classe des novices convers, soumis à un régime quotidien de travail, d'instructions et de prière, à la classe des frères où le travail prédomine. Voici un tableau des maisons qu'il a habitées et de ses états de service au cours des huit années qui suivent sa première profession:

1946 (septembre) Assigné à la résidence dans la maison de Hanoï; «frère du noviciat», à quoi s'ajoutent d'autres fonctions: tailleur pour une année, puis sacristain;

1950 (février) Affectation à la maison de

Saïgon; divers services, dont aide à la taillerie;

1952 (mars) — Dalat, stage de six mois du second noviciat, au terme duquel il prononce les vœux perpétuels et est désigné pour le service de la taillerie, comme assistant d'abord, puis comme premier responsable;

1954 (septembre) — Il va se joindre aux quatre autres religieux bénévoles — trois prêtres, un frère — demeurés sous le régime communiste, à Hanoï.

Le survol de ces années ne peut présenter un champ aussi étendu et aussi pittoresque que celui des années d'enfance et d'adolescence. Les loisirs du jeune profès sont employés largement pour la rédaction du long récit de ses antécédents, d'où la minceur des écrits personnels couvrant la période en question. D'autre part, le monde de ce temps-là s'est évanoui, les témoins les plus proches de la vie quotidienne du frère Marcel, je veux dire les frères convers ses confrères, sont difficiles à retracer, quand ils ne sont pas disparus, en tout cas mis dans l'impossibilité matérielle de témoigner. Il reste, il est vrai, une assez volumineuse correspondance en voie de dépouillement, et les petits papiers, rapports de conscience, journaux de retraites, des notes diverses, qui nous disent l'essentiel de sa vie en communauté et de son cheminement spirituel. Bornons-nous ici à suivre notre jeune religieux au travail, parmi son monde et à la prière.

* * *

Pour le frère convers, la fonction travail est d'importance. Il doit être prêt à tout emploi, comme le lui demande la Règle rédemptoriste. Mais encore faut-il souhaiter que la besogne domestique proposée s'harmonise avec les capacités et les goûts de l'exécutant. Le frère Marcel s'acquitte consciencieusement de sa tâche, mais aime-t-il naturellement le travail manuel? Il semble que non. À la question que lui a posée son père Maître des novices sur les difficultés dans le travail, il répond par écrit: «Je trouve tout travail difficile. Mais Jésus m'a dit: 'Accepte par obéissance tout travail qui t'est demandé par les supérieurs. Après quoi, abandonne-toi à Moi pour que je le fasse à ta place. Qu'il te suffise de l'accepter.'» De faible constitution, vite fatigué, il ne cache pas qu'il s'effraie devant une besogne qui exige quelque déploiement musculaire. Le Maître des novices en témoigne: «Les jours de lavage, je l'ai vu plus d'une fois les larmes aux yeux, mais mettant toute sa bonne volonté à faire son travail, s'efforçant de sourire en dépit de la fatigue.» Par bonheur, ses capacités et ses goûts s'harmonisent avec son premier emploi, celui de «frère du noviciat», soit guider les novices convers dans leur travail, leur fournir les outils nécessaires, participer à leurs prières, favoriser l'esprit fraternel dans la vie commune...

La succession au service de la taillerie présentait un problème. Le frère (canadien) Jean-Baptiste, associé à l'évolution de la maison de Hanoï depuis ses débuts, en était entre autres fonctions le tailleur, c'est-à-dire chargé de la confection des soutanes, du soin de toute la lingerie, y compris naturellement le blanchissage pour une grosse maisonnée. Marcel lui fut assigné comme aide dès le lendemain de sa profession, en complément de son emploi principal. Aussi longtemps que le frère Jean-Baptiste, dont la compétence et le dévouement étaient indiscutables, fut là, tout alla bien, mais à son départ pour le sud, prélude à son rapatriement, la taillerie fut confiée au frère Marcel, déjà initié par un apprentissage de six mois et peut-être en lien avec le métier de son père. Cette nomination témoignait d'une telle confiance à l'apprenti qu'elle donna lieu à des critiques de la part de ses confrères:

> Certains confrères n'ont pu s'empêcher d'être surpris en voyant que le Supérieur me confiait la taillerie... Quant à moi, me voyant encore bien petit et bien jeune, je n'osais pas me mettre en avant. Si je disais mes craintes au Supérieur et lui exposais mon désir de lui voir confier cette charge à un confrère plus âgé, expérimenté, il me

disait: « Ce que tu n'es pas capable de faire, Dieu est là pour t'aider à le faire, pourvu que tu obéisses en tout à ton Supérieur. »

Dans ces conditions, critiquer Marcel, c'était critiquer l'autorité. Les mêmes commentaires défavorables reprirent l'année suivante quand le frère Marcel fut nommé sacristain. Cet emploi était auréolé, lui aussi, d'un certain prestige, et il agréait au nouveau titulaire, devenu sourd aux critiques:

> À partir du jour où je fus nommé sacristain, tout semblait marcher à mon gré. Je dois avouer toutefois que j'étais encore rempli de volonté propre et enclin à la prétention. De là que j'ai fait beaucoup de choses en dehors de la volonté du Supérieur. Par exemple, quand j'ai coupé deux nattes aux autels latéraux; bien que mon travail fût artistique et approuvé par plusieurs, il reste que, le travail terminé, le P. Supérieur m'a manifesté du mécontentement.

À Saïgon, où la population de la maison n'excédait guère le quart de celle de la maison de Hanoï, le frère Marcel occupera des emplois effacés pendant son séjour de deux années. Si l'on interroge sur son comportement un ancien Supérieur de cette maison, il dira à peu près ceci: « Un bon frère, plutôt discret, appliqué au travail et assidu à la prière. » À la nouvelle maison d'études, à Dalat, son second noviciat terminé, on lui remettra graduellement la responsabilité de la taillerie, ce qu'il n'était pas sans redouter. Mais sa qualité de profès perpétuel, l'expérience acquise, ajoutées au climat de juvénile enthousiasme de la nouvelle maison, feront qu'il sera mieux accepté. En tout cas, pour le réconforter, il avait l'assurance d'être assisté en haut lieu, comme on peut le lire dans le journal de sa récente retraite de profession:

> Si je dois assumer la charge de tailleur, comme toujours je vous demande, ô Mère, d'être là pour vous charger de tout. Quant à moi, je ne serai que le balai usé qui vous servira à ramasser les retailles de tissu dispersées dans la pièce. Ainsi ce sera pour moi un grand honneur d'être tenu dans vos mains pour travailler... (6 septembre 1952).

* * *

Le frère Marcel n'est pas un isolé, pas plus que ne l'était le jeune Van. Une vie intérieure active pousse certains à réduire les relations au minimum; chez notre néo-profès, au contraire, débordant de vie et doué d'entregent, les autres nourrissent sa vie intérieure — les autres, que ce soit la famille charnelle, la famille religieuse ou la communauté nationale.

On sait l'état de pauvreté auquel le désastre de 1937 — inondation suivie de sécheresse — avait réduit la famille Triêt. La conduite relâchée du père, suite à la calamité qui avait frappé le fils aîné — une quasi-cécité — n'avait rien fait pour améliorer la situation. Le frère Marcel soutenait les siens de sa supplication, qui avait réussi déjà le miracle de la «conversion» paternelle. Mais il ne fallait pas se lasser de prier, car plus tard, par malheur, le père avait été repris par la passion du jeu, et il voulait amener chez lui ses compagnons de jeu, les y nourrir... Protestations et menaces demeurant vaines, la mère et les enfants décidèrent, avec l'approbation du curé, et finalement avec l'accord et l'aide de Marcel, de se réfugir à Hanoï pour un temps, aux fins d'amener le chef de famille à la réflexion et à ... une nouvelle conversion. Grâce au ciel, celle-là fut durable.

L'aînée des filles, Lê, ayant abandonné l'idée d'entrer dans un couvent, est relayée par la cadette, Tê, qui n'a qu'un désir: se faire religieuse et religieuse rédemptoristine. Marcel se demande pourquoi les moniales canadiennes de cet ordre de contemplatives jumeau des rédemptoristes ne viendraient pas s'établir au Vietnam; il ne soupçonne pas qu'il puisse y avoir d'autres raisons que le manque de générosité au service du Royaume pour ne pas songer à pareille transplantation. Mais ses encouragements à la petite et la ténacité de Tê dans le projet d'entrer dans cette communauté auront du moins pour résultat qu'elle sera acceptée au monastère des rédemptoristines de Sainte-Anne-de-Beaupré, où elle arrivera peu de temps après avoir quitté Saïgon par avion le 22 juillet 1954.

Moins de deux mois auparavant, le pauvre Liêt était, lui, arrivé au bout de ses peines en passant à un monde meilleur. Les parents, de leur côté, quittaient leur petite patrie tonkinoise au moment où retombait le «rideau de bambou», à la suite des Accords de Genève qui concédaient aux communistes le gouvernement du Nord-Vietnam. Ces peines et joies de la famille trouvent place dans un carnet de Van:

> En apprenant la nouvelle de la mort de mon frère aîné Joachim Liêt, j'en ai éprouvé une grande douleur, mais passé ce premier choc, j'ai pensé au bonheur qui l'attendait en quittant cette vie éphémère (11 juin 1954).

> Ce matin, ma petite sœur quitte Saïgon pour Paris. Bon voyage, petite sœur! (22 juillet 1954.)

> Je suis depuis ce matin au comble de la joie. J'ai reçu de mon cousin un télégramme m'annonçant que mes parents avaient pu être évacués vers le sud le 9 août... J'étais assuré d'avance que cela se produirait à cause de ma confiance (11 août 1954).

Il est frappant de constater le respect que le frère Marcel professe à l'égard de ses confrères les plus proches, soit la catégorie des frères. Dans des pages confidentielles destinées à son conseiller spirituel, il rapporte quelques difficultés qu'il a éprouvées à propos d'une remarque désobligeante, d'une opinion peu orthodoxe, d'un geste discutable de l'un de ses confrères, ce qui ne fait qu'attester la sérénité habituelle des relations. Très soucieux d'observer et de voir observer la lettre de la Règle, il avance par écrit des réflexions sur la pauvreté religieuse, la pratique de la charité, mais il ne prétend faire la leçon à qui que ce soit; gardant plutôt le silence sur ce qui lui paraissait des accrocs à la stricte observance, sa réaction coutumière était d'en causer avec Jésus à l'oraison.

Nous avons sur lui le précieux témoignage d'un vétéran du Vietnam, le frère Irénée Baillargeon:

> Le frère Marcel était un fidèle observateur de la Règle, grand travailleur, charitable, prêt en toute occasion à rendre service, toujours gai... J'ai connu le frère Marcel lorsqu'il est arrivé comme postulant à Hanoï. Je l'ai revu à Saïgon durant les années 51-52, alors qu'il travaillait à la taillerie, avec le frère Marcellin. Et puis, ce qu'il en a cousu de draps, nettoyé et réparé de linge, à la maison de Dalat!

Et voici un échantillon de lettre à un confrère, le frère Bernard qui, pour des mouvements d'humeur à son endroit, lui avait demandé pardon à son départ de Hanoï:

> Vous vous rappelez sans doute le petit gars de la taillerie? Quant à moi, Marcel, croyez que je ne vous ai pas oublié et que je ne vous garde pas rancune. Avant mon départ, vous m'avez demandé pardon, cela m'a fait réfléchir. Croyez que je suis toujours le petit gars de petite taille et encore tout jeune et que de plus je me suis con-

sacré à Dieu dans la même communauté que vous pour vivre ensemble et nous entraider. Si après cela il fallait se garder rancune, nos vœux de religion ne seraient plus qu'un pieux mensonge. Oui, cher Frère, faisons-nous confiance comme nous faisons confiance à Jésus, puisque chacun de nous est un petit «rédempteur». N'oubliez pas votre petit Marcel, priez pour lui afin qu'il soit plus joyeux et plus simple et vous aime encore davantage.

Il serait sans doute présomptueux d'essayer de fixer en quelques phrases les sentiments complexes et mouvants que lui inspiraient les étrangers et les menées nationalistes et révolutionnaires qui au Vietnam ont accompagné et prolongé la deuxième guerre mondiale. Il suffira de noter que son jugement des gens et des choses retrouvait un juste équilibre dans la prière.

Il n'est pas sans intérêt de signaler ici la présence de la femme à deux ou trois reprises dans les notes spirituelles du religieux. Sans quoi on aurait pu la croire inexistante à sa pensée. Il en cause avec Jésus et Marie, par exemple à l'occasion d'une instruction de retraite sur le vœu de chasteté:

J'éprouve en moi, ô ma mère Marie, un désir ardent de l'autre sexe. Mon cœur a soif d'aimer et d'être aimé... Je comprends maintenant pourquoi je me plaisais à vivre avec les jeunes filles... Je veux que mon amour trouve sa satisfaction en dehors des plaisirs des sens (19 décembre 1953).

Et peu de temps après:

> Je ne puis de ce temps-ci m'entretenir avec vous,
> Jésus, parce que, chose bizarre, ma pensée est
> hantée par la visite des jeunes filles... Elles sont
> vraiment jolies, encore que c'est là une supposi-
> tion que je fais, n'osant pas les regarder en face.
> Jamais je n'ai donné un baiser à une jeune fille.
> Malgré cela, ces jeunes filles m'aiment beaucoup,
> sans que je convoite leur amour (7 février 1954).

* * *

Le frère Marcel a reçu au noviciat l'enseignement de rigueur sur la méthode d'oraison que propose saint Alphonse à ses fils et à tous les fidèles
— considérations, affections, résolutions. Mais
ses notes spirituelles, faites généralement de prières, montrent que ladite méthode y est assouplie
à la convenance de son tempérament; que c'est
la conversation familière, ouverte, enjouée à l'occasion, avec Jésus Enfant, sa mère Marie et sa
sœur Thérèse qui est sa méthode. Cela est spon-
tané, éprouvé par les années, aussi ne sent-il appa-
remment aucun pressant besoin d'associer à son
intercession les saints de la famille, si ce n'est dans
les invocations courantes.

On remarque dans la prière du frère Marcel un
élément constant: les larmes, larmes silencieuses
et discrètes. Elles sont l'indice d'une oraison de
nature affective. Si peu que sa sensibilité soit tou-

chée, les larmes jaillisent, que ce soit des suites de la fatigue, de la pensée de sa famille, d'un désir pieux refoulé, d'une souffrance... Signe de l'enfance prolongée, soulagement d'une émotion à fleur de peau ou profonde, argument à l'appui d'une requête, quel qu'en soit le motif, l'orant de vingt-cinq ans signale des larmes fréquentes. Car il ne manque pas d'exhaler toute sa vie quotidienne dans l'intimité du colloque spirituel qui se clôt toujours sur une note de sérénité.

Autre constante de la prière: le désir du ciel. Depuis qu'il a connu l'*Histoire d'une âme*, il a l'intuition d'une mort précoce, comme c'est arrivé à la «Petite Fleur». Loin de s'en effrayer et d'en repousser l'idée, il va au-devant d'elle d'un élan qui ne se ralentit pas. Son désir de mourir n'est pas gratuit mais associé au désir du ciel. Durant ces huit années de son existence que nous survolons, pas une prière un peu élaborée — notamment les notes de retraite de dix jours avant la profession perpétuelle (septembre 1952) et celles de sa dernière retraite annuelle (décembre 1953) —, pas une prière qui ne reprenne l'expression de ce désir et d'une intercession avec de multiples variantes:

> Je désire mourir bien vite pour aller avec le petit Jésus (17 nov. 1946).

> Je ne fais qu'attendre le paradis, j'ai le désir d'y aller bien vite pour vivre à vos côtés, ô Marie, et aimer Jésus (8 sept. 1952).

Je viens de me peser, j'ai engraissé de deux kilos. Quand donc irai-je au ciel et à quoi bon continuer à prendre ainsi du poids? (4 novembre 1952.)

J'attends toujours le télégramme du Supérieur aux autres maisons: «Frère Marcel, atteint de tuberculose en mai 1953, a enduré son mal avec une joyeuse patience, est décédé le 30 septembre 1953, anniversaire de la mort de la petite Thérèse (1897)» (Fin 1953).

Il sera exaucé avec un peu de retard d'une façon qu'il n'aurait peut-être pas choisie. Et voici la première étape de son envol final: le 14 septembre 1954, par un avion d'Air France, il monte de Saïgon à Hanoï, capitale du nouvel État communiste.

10

Le camp du rendez-vous

(1954-1959)

Après la signature des Accords de Genève, juillet 1954, qui concédaient au Viet-Minh le gouvernement du Nord-Vietnam, la vaste maison rédemptoriste de Hanoï eut un personnel réduit à cinq religieux, soit trois prêtres: les pères Denis Paquette, Thomas Côté et Joseph Bich, et deux frères: Clément et Marcel. Une clause des Accords stipulait que les résidents tant de la zone nord que de la zone sud pouvaient choisir celle qui leur convenait au cours de l'année qui suivit la signature du traité. Après l'évacuation massive et rapide de la population catholique vers la zone sud, il restait tout de même bon nombre de fidèles qui exigeaient un service pastoral, et c'est sans doute la raison majeure du maintien d'un personnel à la paroisse de Notre-Dame-du-Perpétuel-Secours.

Dans une lettre du 14 novembre 1954 à son conseiller spirituel, qui résidait au Sud, le frère Marcel, après avoir signalé la difficulté des communications entre les deux zones, redit son désir secret et constant, celui de témoigner de sa foi face aux persécuteurs par le sacrifice de sa vie:

> Ce jour-là sera pour moi un jour de bonheur. Ma seule crainte est qu'il n'arrive pas... Oui, c'est le temps favorable, et je pense que Jésus en a décidé ainsi puisqu'il m'a appelé à revenir ici.

Grâce à la Commission internationale de contrôle, qui comprend trois pays membres, dont le Canada, le gouvernement viet-minh est contraint de respecter l'entente relative au libre mouvement temporaire des personnes d'une zone à l'autre. Comme les menaces, le chantage, les tracasseries et les exactions exercés contre les émigrants potentiels visant à rendre la clause inopérante du côté communiste se multiplient, le frère Marcel reçoit l'invitation de son Supérieur de repartir vers le Sud, invitation qu'il décline naturellement puisqu'elle va contre le souhait de sa prière d'avoir la tête tranchée, à l'image et à l'imitation de tant de martyrs dans l'histoire de l'évangélisation de son pays.

* * *

Le dessein du Seigneur répondant à son désir du martyre se mit en œuvre un samedi de mai 1955, le 7 précisément. Sorti en ville pour reprendre dans une boutique une mobylette mise là en réparation, le frère Marcel entend avec agacement les propos de gens — étaient-ils des mouchards? — qui déblatèrent contre le gouvernement du Sud. À les en croire, le peuple était mis aux travaux forcés, les jeunes étaient conscrits au service de l'impérialisme, etc. Outré de ces grossières allégations, notre Marcel croit bon d'intervenir sur un ton assuré en même temps que poli: «Moi, j'arrive du Sud et le gouvernement n'a jamais agi de la sorte.» Silence des agents provocateurs, un signe seulement à un employé qui s'esquive et prend la rue. Comme le frère Marcel sortait à son tour sur la mobylette, deux agents survenant l'interpellent et le conduisent à un bureau de la Sûreté. Il y est interrogé puis reclus dans une cellule sans lumière où il passera cinq mois. Pendant quinze nuits consécutives, il fut soumis à des interrogatoires insidieux: de sept heures à minuit, les agents se succédaient auprès de leur victime, reprenant les mêmes questions dans le dessein de le faire se contredire et en fin de compte de lui arracher des aveux. Comme ils n'obtenaient pas qu'il dénonce le petit groupe de religieux ses confrères comme des agents propagandistes du Sud, ils l'accusèrent de vouloir suborner une jeune fille de la Sûreté; devant l'invraisemblance d'une pareille imputation, ils changèrent de tactique et entreprirent de lui faire accepter l'idée d'épouser ladite jeune fille et de renoncer à un célibat religieux qu'ils présentaient comme une pure folie. Moyennant quoi il recouvrerait sa liberté. On lui proposait également de se joindre aux «Catholiques patriotes et amis de la paix» groupés sous la houlette d'un berger suspect, prêtre apostat.

Nous connaissons assez le frère Marcel pour deviner son attitude en pareil cas: celle d'un convaincu, d'un inconditionnel, probablement d'un raisonneur qui, par ses ripostes, hérissait les tortionnaires de l'esprit et du corps. Car pendant cette longue réclusion dans un cachot, au cours de l'écrasant été tonkinois, il fut gravement atteint à plusieurs reprises, au point de croire sa mort prochaine.

* * *

En régime communiste, il existe une institution par laquelle chacun doit passer, à moins qu'il ait donné des preuves de sa conformité de vues et de comportement avec les critères officiels: le camp de rééducation. La correction ou réforme de la mentalité est particulièrement importante et urgente chez ceux qui ont connu un régime libéral ou capitaliste et qui osent le préférer au système économique et policier propre aux gouvernements qui s'inspirent du modèle russe. Les indociles ou les suspects sont donc renvoyés à l'école dans ce que la délicatesse officielle, répudiant les termes exacts de bagnes ou même de prisons, dénomme camps de rééducation. C'est par de tels goulags (les camps russes ont fourni le modèle aux pays satellites) que va passer le frère Marcel pendant les jours qui lui restent à vivre.

Au terme de ses cinq mois de cachot dans les locaux de la Sûreté, le frère Marcel est transféré à la Prison centrale de Hanoï où il trouve, outre les condamnés de droit commun, une compagnie, celle de centaines de «réactionnaires», dont plusieurs catholiques, et des prêtres. Les conditions d'internement moins rigoureuses l'autorisent à recevoir la visite de ses deux confrères vietnamiens, le père Bich et le frère Clément. À chacune de leurs cinq visites au cours des dix mois de la détention en cet endroit, qui n'était pas encore le véritable camp, ils remettent au détenu le lot permis de vêtements, médicaments, objets de piété, plus quelque nourriture et argent. Fin novembre, un jeune homme libéré rapporta, cachés dans le col de son habit, quatre billets du frère Marcel qui disaient ses rudes épreuves et ses bonnes dispositions. À son supérieur:

> Si je voulais vivre, ce me serait facile: je n'aurais qu'à vous accuser. Mais soyez sans crainte, jamais je ne consentirai à vous accuser. Je résisterai jusqu'à la mort.

À son conseiller spirituel:

> ... dans les derniers mois, j'ai dû lutter de toutes mes forces et endurer tous les supplices du lavage de cerveau... L'ennemi ne veut pas que

je meure d'une mort héroïque et qui me serait si facile. Priez beaucoup pour moi.

À sa sœur Anne-Marie, novice chez les moniales rédemptoristines, à Sainte-Anne-de-Beaupré:

Dans la prison comme dans l'amour de Jésus, rien ne peut m'enlever l'arme de l'amour. Aucune affliction n'est capable d'effacer le sourire aimable que je laisse paraître sur mon visage amaigri... Je ne suis plus qu'un cadavre qui respire... L'ennemi est méchant et rusé: il peut anéantir mon corps, mais pas ébranler ma volonté.

Quelques prisonniers élargis, qui furent pendant des mois les témoins du comportement du frère Marcel à la Prison centrale, firent son éloge auprès de ses confrères. Il avait l'air joyeux et rassurant, se montrait très charitable envers les autres détenus tant par ses bonnes paroles que par le partage de vêtements, médicaments, argent, les petites choses que les gardiens permettaient parcimonieusement à ses confrères de lui apporter.

* * *

En mai 1956, le frère Marcel comparut deux fois devant le tribunal. À chaque séance, un millier de chrétiens du type «patriotes», c'est-à-dire ralliés au régime, furent convoqués pour participer au jugement. Nous savons ainsi, selon le témoignage de gens de bonne foi, que l'accusé était calme et maître de lui-même. Un jeune homme et une jeune fille, placés de chaque côté du juge, avaient comme fonction de faire taire l'inculpé quand il répondait avec trop de bon sens et d'aplomb... Par exemple, au juge qui le sommait d'avouer qu'il avait fait de la propagande pour le président du Sud-Vietnam, ce qui après tout était un crime «pardonnable» si on l'avouait, le frère Marcel riposta: «Pardonnable ou pas, peu importe, ce qui compte c'est d'avoir commis le crime. Je n'avouerai jamais un crime que je n'ai pas commis.» À la deuxième séance, le 22 mai, devant son «obstination», le juge le condamna à purger une peine de quinze ans dans un camp de rééducation.

Le camp n° 1 de Mo Chen, à quelque 50 kilomètres de Hanoï, auquel fut conduit le frère Marcel, comptait deux mille détenus, dont plusieurs centaines de catholiques. Deux cimetières à proximité du camp témoignaient du sérieux de l'entreprise. Et pourtant le religieux semble s'être plu, si l'on peut dire, dans ce camp. Assez tôt, il trouve le moyen de faire acheminer une lettre à son Supérieur:

> Je remercie le bon Dieu de mon transfert au camp de Mo Chen. Tous les catholiques détenus ici sont très fermes dans la foi... Mon travail ressemble à la charge d'un curé de paroisse. En dehors de mes heures de travail obligatoire, je reçois les gens. Tous viennent à moi, pensant que

je suis inépuisable. Ils voient bien que je suis faible, mais où peuvent-ils aller chercher quelque consolation? Alors, il faut bien que je me donne.

Quant à sa vie spirituelle, il la dit en bon état. À travers les fatigues, la faim, les traquenards des gardiens, alors qu'il se sent accablé et près de la démission, il s'amarre à la «volonté de Dieu à faire jusqu'au bout». Il désire de la quinine, des aspirines, des images, des médailles, livres de prière, et quelque argent pour lui et ... d'autres. Le père Bich pourrait-il lui apporter des hosties consacrées? («Nous avons faim de l'Aliment divin.») Le père Bich put en effet remplir la commande, mais hélas! sans les hosties.

En août 1957, le frère Marcel fut transféré au camp n° 2 de Yen Binh, à 150 kilomètres au nord-ouest de Hanoï. Dès lors, aucune visite de confrère ne fut agréée, pour la raison que «le nommé Van ne fait aucun progrès dans sa rééducation». Dix-huit mois durant, aucune nouvelle de lui ne parvint à la maison de Hanoï. Les lettres étaient interceptées. À deux reprises cependant une personne amie put lui faire remettre quelques articles de première nécessité. À la seconde visite, il confia au messager qu'il venait de passer trois mois dans les fers.

Au printemps 1959, trois détenus relâchés de ce camp rapportèrent, l'un après l'autre, qu'après une tentative d'évasion Marcel avait été battu et enfermé dans un cachot. Cet événement, assez peu vraisemblable, devait coïncider avec le changement de camp. Un quatrième détenu gracié vint annoncer sa mort survenue au début de l'été. Tiré de son cachot comme un mort en sursis, consumé par la phtisie et le béribéri, il fut relégué dans un dortoir, — l'infirmerie du camp s'étant écroulée —, une chambrée de soixante personnes, dont une vingtaine de chrétiens parmi lesquels le P. Vinh, provicaire (vicaire général) de Hanoï. Tous ces compagnons d'infortune montraient de la pitié envers le religieux mais ne pouvaient rien pour l'être décharné, pratiquement incapable de manger, de dormir... Trois semaines durant, il survécut en cet état.

Le vendredi 10 juillet, vers 10h, le moribond s'agita et se prit à gémir. Il ne restait plus dans la salle que les grands malades. Le P. Vinh, qui travaillait non loin de là, rentra avant les autres. Il accompagna par des prières et l'absolution l'agonie du frère Marcel qui, vers midi, expira. Une heure plus tard, les gardiens le firent ensevelir. Ils refusèrent aux chrétiens l'autorisation de suivre le corps au lieu de l'inhumation; mais les quatre porteurs eurent soin de déposer à la tête de la fosse une bouteille vide comme repère éventuel dans la forêt.

Le P. Paquette, qui avait été expulsé du Vietnam le 23 octobre 1958 en même temps que le P. Côté (pour rendre «légitime» la confiscation de la maison et de la propriété), a écrit un hommage à la mémoire du frère Marcel, où nous lisons:

...le frère Marcel avait désiré être martyr. Dieu l'a exaucé. Comme à tant d'autres, morts entre les mains du Viet-Minh, nous pouvons à bon droit, je pense, donner à notre confrère le glorieux titre de martyr. C'est pour être fidèle à Dieu et à la Sainte Église, c'est pour ne pas accuser faussement son Supérieur qu'il a accepté de subir l'emprisonnement, les mauvais traitements et une mort tragique... Plus spécialement pendant les deux ans qu'il passa, malade et sans soin, dans un cachot, à attendre la mort. Là, l'occasion lui fut propice pour pratiquer à un degré héroïque les plus admirables vertus.

Conclusion

Nous avons esquissé la figure de ce religieux au destin exceptionnel. N'eût-il pas répondu avec empressement — et avec satisfaction d'ailleurs, puisque communiquer, et pourquoi pas écrire? était dans ses goûts et ses aptitudes — à la suggestion de son aviseur moral d'écrire ce qu'il savait si bien raconter, que nous n'aurions pas le récit de son cru qui a servi de support au nôtre. Sans le secours de cette source, la mémoire de sa vie, de sa foi, de son courage, se fût peu à peu estompée et perdue, comme c'est le cas regrettable de tant d'autres victimes de la proscription, de la violence et de la haine.

Cette vie est placée sous l'égide de la «Petite Fleur», Thérèse de l'Enfant-Jésus en qui Marcel a trouvé comme un double idéal de lui-même. L'*Histoire d'une âme* lui a révélé les aspirations inconscientes qui étaient en lui et qui rejoignaient celles de la sainte carmélite. Dès lors, quelle confiance en elle, quelle familiarité avec elle, quel effort appliqué d'identification à son modèle! Si l'on tente d'établir un parallèle des deux existences, nous pouvons sans forcer la note relever leur réponse empressée et totale à un appel précoce à se consacrer au Seigneur, une vie religieuse exemplaire, l'ardeur de la piété, le souci du salut du monde, l'abandon à l'Amour, la fin prématurée de l'«exil», la mort qui n'est pas une privation mais une acquisition, selon le mot de Thérèse: «Je ne meurs pas, j'entre dans la vie.» Thérèse a été pour Marcel l'inspiratrice et l'animatrice: par l'histoire de son âme, par sa «petite voie», par sa générosité dans le sacrifice, elle a attiré le jeune homme, l'a imprégné de son esprit et lui a fait atteindre des sommets. Par un effet d'émulation, Marcel a vécu sa vie consciente dans le sillage de la «Petite Fleur».

Puisse le Dieu de miséricorde, qui s'est plu à faire pleuvoir les roses sur les misères de ce monde par l'intercession de Thérèse, faire tomber sur nous qui l'admirons et l'invoquons des pétales par l'intercession de Marcel!

Table des matières

Collection

TÉMOINS & TÉMOIGNAGES

Imprimerie des Éditions Paulines
250, boul. St-François nord
Sherbrooke, Qc, J1E 2B9

Imprimé au Canada – Printed in Canada